生活綴方教師
宮崎典男の授業づくり

豊田ひさき

一莖書房

はじめに

わが国では、今七〇〇万ほどの子どもたちが小学校に通っている。小学校教師を生業とする人の数は約二四万。

毎日、日本のどこかで、多くの子どもたちが、今日は新しい漢字を一つ覚えた、分数の計算ができるようになった、授業で発言した意見がみんなにも先生にも認められた、と喜んでいる。逆に、今日も逆上がりができなかった、失敗した、先生の問いに答えられなかった、と落ち込んでいる子もいる。

先生方にとっても、今日はあの子が発言してくれた、授業が盛り上がった、と喜べる日もあろう。でも、このような成功例は、実際にはなかなか起こらない。今日もあの子が発言してくれなかった、子どもに「頑張って」と励ましたらそれが逆効果になってますますうつむいてしまった、授業のあの場面であそこをもう少し突っ込めたらよかったのに、と悩む日の方が多いというのが現実ではなかろうか。

それでも先生方は、今日もまた子ども達と一緒に頑張ろう、と教壇に立つ。そして、そこで生じたある子の笑顔に元気づけられ、励まされる。こうして、日本中の大多数の先生方が、今日も何かしらの期待感をもって登校してくる子ども達をしっかりと受け止めようとしている。

筆者は、四〇年以上、小学校の先生方と協働して、子どもたち一人ひとりが「今日も学校へ来てよかった」と実感してくれるような授業づくりに取り組んできた。中部大学に転任して小学校教師志望の学生相手に講義をするようになり、学生諸君が、「教師になろう」という希望を持ってくれるにはどうすればよいか、と今まで以上に考えるようになった。筆者の頭の中に浮かんできたのが、戦前からの生活綴方教師でこの生活綴方的教育方法を授業づくりや授業研究にも一貫して貫いた宮崎典男である。

宮崎は、一九三五（昭和一〇）年に小学校教師になって以来、戦後一時期の中断を除いて、一九七四年まで計三五年間小学校教師を続けてきた。彼のことばを借りれば、宮崎は「善良で小心な」先生。「善良で小心」であるがゆえに、今小学校現場で奮闘している先生方にとっても、「これはわたしのクラス、子どもと同じだ」というコトで、悩んだり、喜んだりする普通の先生と映るだろう、という予想が筆者に立った。宮崎のコトで、ぜひ本を書きたい、という気持ちが湧いてきた。以来、時間の許すかぎり、宮崎に関係するものを蒐集・精査し始めた。

宮崎等が生涯を懸けて取り組んだ生活綴方的な教育実践――これは世界に誇るべきわが国の偉大な教育実践だと筆者は捉えているが。しかし、であるがゆえに、なおのこと推敲途中で何度も、彼の実践を授業づくりという狭い枠で切り取ることが許されるのかという問題に、筆者は悩まされ続けた。それでも、日々授業づくりに励んでいる先生方に少しでも励みになるエールをおくりたいという気持ちと、教師が子どもに接するのは授業が一番多いという事実に押されて、非力を顧みず、本書を仕上げる仕事を続けた。この点については、読者諸賢の厳しい判断を仰ぐしかない。

筆者が、最初に宮崎『人間づくりの学級記録』に出逢ったのは、大学時代。以来何度か、彼のモノにあたり思考を巡らし、小論にまとめたこともある。このことも踏まえて、本書では、生活綴方教師宮崎典男を核にして、関連する人物・事象や理論を織り交ぜながら、可能なかぎり、小学校の教育現場に近い目線から、多数の具体事例を基にして考察・整理してみた。

第一章では、拙著『リテラシーを育てる授業づくり』（黎明書房、二〇〇八年）でも少し触れたことがある「テル子の詩」を「開墾の子と学習集団」というより大きな枠組みの中に加筆・修正して組み込むことによって、授業の中で子どもたちが考えるとはどういうことか、教師は欠席した子を出欠簿に「欠席」と記入するだけで済ませてよいのか、子どもに「わたし分からない」という本音をどうしたら言わせることができるのか等、宮崎を根底で規定する生活綴方的教育方法を今日的視点から読み解いてみた。

第二章では、前掲の拙著所収の「教材解釈と国語の授業づくり」「批判的リテラシー」「国語の授業研究」を解体し、「ごんぎつね」に絞りながら、子どもと「共に生きよう」とする構えとは何か、教材解釈とは何か、子どもの意見を拾うとはどうすることか、子どもが学習はおもしろいと感じる授業とは等、大幅に加筆修正して、彼の授業づくりが国語の授業づくりでありながら同時に人間づくりを目指すものであること、すなわち「子どもと『共に生きよう』とする術」の具体例であることを明らかにしようと努めた。

第三章では、宮崎の授業研究それ自体が、人間づくりの教育実践であるほどの大きなスケールであることを、授業が盛り上がるとは、周辺部の子どもが主人公になる質の高い学習集団の授業とは、子どもの集中力が切れない授業とは、発言しない子も考えている等の具体例を挙げて検討した。そして、宮崎の授業研究が今流行の「レッスンスタディ」の枠に収まるものではないこと、しかも、このような授業研究がわが国の授業研究運動の源流の一翼を担っていたことに言及した。

第四章では、宮崎典男が、新任時代から如何なる状況でどんな人脈・事象に出逢いながら、いくら教師経験を積んでも、常に今授業をしている眼前の子ども達に学びながら、しかも、周辺部の子どもにも学びながら、どの子どもにも物事を客観的・科学的に観る眼を育む授業を構想し・展開していくことができる生活綴方教師になっていったか、その航跡をたどってみた。本章を読むことで、一人の平凡な、しかし偉大な教師宮崎典男の一層の理解を目指した。


以上、本書で取り上げた豊富な事例は、「なんだ、これならわたしもやったことがある」「この悩みは、わたしと同じだ」というものが数多くあるはず。わたしと同じことを宮崎はどうしたか、という形で「了解」いただければありがたい。この点を「了解」して、先生方が本書からなにがしかの「元気」や「勇気」を汲み取ってくだされば、望外の幸せである。

教師志望の学生諸君が、わが国には宮崎典男のような小学校教師が実にたくさんいたし、現にいるということ、しかもその先生達が日本の教育を下支えしているという事実を確認して「わたしも宮崎先生のような先生になりたい」と希望をもってくれれば幸いである。

なお、本書は、中部大学から平成二一・二二年度特別研究費の交付を受けて行った研究の成果「北方性綴方教師・宮崎典男の文献解題」（中部大学現代教育研究所編『教育学研究紀要』第四号、二〇一一年、所収）を底本に分かりやすさを第一に大幅に加筆修正したものであり、さらに平成二二年度中部大学出版助成を受けて刊行された。この場を借りて謝意を表したい。

最後になったが、出版事情の大変厳しい中、本書出版の機会を喜んで提供して下さった一莖書房の斎藤草子さんに、衷心から感謝申し上げる。

平成二三年四月一〇日

名古屋新瑞橋の寓居にて

目次

第一章

開墾の子と学習集団

一　生活綴方的教育方法

1　関係的思考

うしにくれるくさをとりにきました。
わたしのうちにはうしのこがいます
だからちいさいくさしかたべません
ちいさくかってきます。

たなべてるこ

宮崎典男は、テル子のこの詩を読んで、「大きな感動に思わずふるえ」て、子どもが帰った後の教室の小さな腰掛に腰をおろしたまま、うす暗くなるまで、立つことを忘れていた（宮崎典男『人間づくりの学級記録』一九五七年、二二五頁）。テル子に出逢ったとき、宮崎は三七、八歳。

宮崎の処女作『人間づくりの学級記録』――土湯小学校（現福島市土湯町）での実

践記録――のこの部分に出逢って、わたしは、魂を揺さぶられるくらいの感動を覚えた。それは、今から四〇数年前の、たしか大学三年生のときだった。当時わたしは、ペスタロッチやフレーベル、デューイ等の書物を読むかたわら、恩師吉本均博士に出逢い自分の研究領域を「授業づくり」に絞り込もうとしていた。その頃注目を浴びていたわが国の教育実践書『山びこ学校』(無着成恭)、『村の一年生』(土田茂範)、『学級革命』(小西健二郎)、そして『村を育てる学力』(東井義雄)、『未来につながる学力』(斎藤喜博)等を読み漁っているときに出逢ったのが『人間づくりの学級記録』。本書を読み、小学校の教師でここまで子どもに入っていけるのか、こんな教育ができるのか、と大きな衝撃を受けたことを今でも鮮明に覚えている。

田辺テル子は、五年生になってようやく二桁までの足し算がどうにかできるようになったという子。テル子は、教科書も、読むよりは、食べてしまうという子、と宮崎は書いている。そのテル子が、六月になって、この詩を書いてきた。詩の中にあるたったひとこと、「だから」というコトバに宮崎は震える。

宮崎は、当時のテル子をつぎのようにとらえていた。テル子は「はなをたらすすべと、ときたまあげる動物的な奇声で、人々の耳をそばだたせるすべしか知らなかった」子。「そのころ、わたしたちの学校には、絶対に口を開かない二、三人の子がいました。いずれも開墾の子でした」「とにかく子どもたちの才能や、人間としての権利は、だれによっても認められなかったし、だれも認めようとはしませんでした。

そして学校というものも、それ以外には属していなかったのでした。しかも、この子どもたち自身、人間としての自己を主張することを忘れていました」（同上書、二二一―二二三頁）と、宮崎は記している。開墾の子とは、敗戦後、満州等の戦地から引き揚げてきた家族が入植した開墾地の子どもである。

テル子の詩に戻ろう。先の詩には、「だからちいさいくさしかたべません」と「だから」という接続語がある。三年生で出逢ってからのテル子の成長の遅さがいつも気になっていた宮崎は、この詩が詩と言えるかどうかということよりも、この文は「テル子のノーミソの関係的思考の中から生まれた文章」だと直感する。これは「明確にテル子の意識の姿や構造を示しているといえるのではないか。『関係的思考』が可能になった段階を、明確に示しているのではないか」と感じ取った宮崎は、さっそくこの詩を学級通信の表紙に載せ、「子牛に対するテル子の愛情に触れながら、『だから』というコトバを自分のものにしたテル子の成長を、子どもたちと一緒に喜」ぶ。

先の詩の後に、

★たなべさんのうちには、子牛がいるのですね。「だから」たなべさんは、ちいさい草だけを　かるのですね。

★ちいさい　草は　かりにくい。ちいさい草は、なかなかたまらない。それでも　たなべさんは、「ちいさいくさ」しかからない。たなべさんのどんな気持ちが　あらわれていますか。

（同上書、二三五頁）

と、宮崎はコメントしている。

こうして、テル子自身はいうに及ばず、学級の子どもたちも全然気付かなかった「だから」というコトバに、教師が「値打ちづけ」をしながらテル子の成長を学級集団に示していく。これが、宮崎を特色づける指導法である。なぜか。

その次の日に、またしても宮崎を驚かすことが起こっているからだ。学級のみんなとテル子の成長を喜んだ翌日の社会科の授業。日本の麦作についての学習で、話は日本海側ではどうして多く穫れないのか、という問題に入っていった。そのときの記録から少し引用しておこう。

時間は最後の五分に入っていました。「どうだな？」と促すわたしの声に応ずる手はどこにもないのです。そのとき例の笑い顔で、ひょいと手を挙げたのがテル子でした。わたしの指名にテル子はひとことで応じます。

「ゆき！」

わたしも思わず、「そうだ！」とさけんでいました。

テル子はどんな思考の経路をたどって、このひとことを答えたのでしょうか。

① 日本海側は雪が多い。

「だから」二毛作ができない。

② 二毛作ができない。

「だから」麦のとれ高が少ない。

このような思考の結果としてあのひとことが生まれたとは、いまにわかに断定することはできないことでもありましょう。あるいは、毎年のように雪にいためつけられている彼女の家の開墾の畑が、それを教えたのかもしれません。しかしそれにしても、きのうとりあげられた「くさかり」の詩を生み出したテル子の意識が、きょうのこの答えを生み出した意識とは別物だとは、誰もいいきるわけにはいかないでしょう。

わたしは、ここでも、テル子の答えをうんとほめることにしました。彼女の顔はそのうれしさとはずかしさでクシャクシャとなりましたが、その顔を見るなかまのひとみは、ここでも変わっていったのでした。

（同上書、二三〇—二三一頁）

引用からも分かるように、宮崎はかぎりなく子どもに寄りそおうとする。いやそれを突き超えて、かけがえのない子ども（＝テル子）と「共に生きよう」とする。テル子の思考が「心理学」的に、あるいは「客観的」に、確かに①②の経路をたどったとは断定できないということにひっかかり、躊躇するよりも、ここで「教育的」にテル子をほめることによって彼女をエンパワーメントすること、そして彼女を見る「仲間のひとみ」を変えようとすることの方を決定的に重視する、というのが宮崎の立場。

彼の言葉を借りれば、「テル子の思考やコトバはもとより完全ではありません。しかしそれは、学習集団のひとりとして、ひとかどの内容を持っています」という立場に立ってテル子を観ていく。この立場に立ってテル子を観ていけば、先の「ゆき！」のような発言でなくても、たとえば「分からない」というつぶやきであったとしても、あるいは首をかしげただけであっても、そこには「仲間のひとみ」を変えるだけの

「値打ちづけ」をしていく可能性が開かれてくるのではないか。

「だから」という接続詞で物事の二項関係を浮き彫りにする。これと同じように「分からない」をきっかけに、いまクラスで問題にしていることを二項関係（＝二項対立）で浮き彫りにする。そして、学級の中に集団思考のうず（＝集団での学び合い）を巻き起こす。これこそ、宮崎が目指した「学習集団」の授業だ、とわたしは考えている。

テル子の「ゆき！」という発言を、宮崎は、「学習集団のひとりとして、ひとかどの内容をもっている」と直感する。これが、宮崎を貫く「子ども観」である。

2 子ども観

宮崎は、つぎのような目線から子どもたちを観ている。

「子どもは、無知なのだ。」

というようなコトバは、多くは、教師というものの小市民性（寄生的意識）に根ざしているのではないだろうか？　また、それは、現実の社会へのナレすぎないし、感覚のマヒにすぎないのではないだろうか？　（同上書、一八頁）

子どもは決して無知ではない、正面からつき合えば、本当の同志（仲間）となれる存在なのだ、というのが彼の「子ども観」である。

宮崎のこのような「子ども観」は、一体、どこから生まれてくるのか。テル子等を受け持った後のある展覧会審査のとき、「この絵はどうです？」と、宮崎が一枚の絵を指すと、同僚の教師が「先生、その子の絵が入選になったら、父兄は、学校の教育というものを、変に見ることになるのではないでしょうか？」と、親切にわたしに注意してくれた。その絵は、開墾の子等の描いた絵だった（同上書、二二二頁）。開墾の子どもを特別視する目線が土湯小の教師たちにはあるということに、宮崎は歯がゆさと情けなさを感じていたのではないか。宮崎が、復職一年目に任された小学校の教頭職を辞して、学級担任になりたい、と願い出た本当の理由もここにあったのではないか、とわたしは思っている。

それは、土湯小がある場所も関係している気がしてならない。土湯小は土湯温泉街のど真ん中の小高い山間にある。去年（二〇一〇年）土湯小を訪ねたとき、かつて、温泉旅館の旦那衆たちが川に船を浮かべ、芸者を侍らせながら俳句を詠んだ、という大きな掲示板が中央のバス停広場に堂々と鎮座していることを確認した。それを読みながら、街の有力者である旦那衆たちが、わが子や孫たちが開墾の子と同じ教室で学習していることにいい感じを持っていなかったであろう、ということは容易に想像できる。

歴史的に振り返ってみても、西洋で近代的な民衆小学校が整備され始めた時期には、自分たちより身分の低い者と同席する民衆小学校にドイツやイギリスの貴族等はわが子を通わせないで、家庭教師を雇って教育をした。明治の初め、わが国に「学制」が布かれたときにも、武士階級の中にはわが子を尋常小学校へ通わせたがらなかった、という事実がある。

学校の内では、地主の子も、小作人の子も、開墾の子も、被差別部落の子も、平等に机を並べるという建て前が、わが国の場合、明治期から公に謳われていた。でもそれはあくまでも建て前としての平等であり、宮崎が遭遇したように展覧会の絵の審査のときには、戦後民主主義が声高に叫ばれ、その先頭に立っているはずの教師の中にさえ、本音の部分では「差別」観が、この土湯小に限らず、日本全国に厳然として残っていたのである。

さて、この目線は、当然子どもたちにも引き継がれていく。開墾地区の懇談会で、開墾の子であるセツ子がちょっときれいなものを身につけると、友だちから「なんだ！　開墾のクセに！」と言われるのだが、学校ではそんな点を注意して下さっているのですか、と母親から尋ねられたとき、宮崎はつぎのように答えている。

単なる同情を注ぐというのではなく、平等な人間として、反省すべき点には、それを要求し、理解しなければならない点は、みんなでそれを理解しあうという基本的な点は決してくずさないつもりだというような点を語ったつもりでした。そして、そのことは単に同情することより、教師としてもはるかにつらいものだとも話しました。「人間として育てていくためには、つらくても、それよりほかにないのですね――」と、深くうなずいてくれたセツ子の母の姿も、まだ、わたしの頭には残っています。

（傍線引用者、同上書、二三六頁）

ここに、宮崎の「開墾の子」を観る眼、開墾の子を含んだ学級の子どもたち全員を観る眼、さらには、このような宮崎の立ち位置に対して、「人間として育てていくためには、つらくても、それよりほかないのですね――」とうなずく母親の担任に対して寄せる全幅の信頼を、はっきりと見てとることができる。

地域や保護者、学級の子どもたちの間に、さらには同僚教師たちの間にも未だに根強く残っているこのような差別観、風土を打ち破っていくことを自分の使命としなければという宮崎の教師魂が、教頭職を辞して学級担任になることを願い出、学級を学習集団へと育てていく仕事に取り組んでいった原動力になっていた、とわたしは考えている。

宮崎の心意気は、担任になった学級の通信『ひとみ』第一号に書かれたつぎの言葉からも窺える。学級の子どもは総勢九名。

○　十八のひとみ

十八のひとみは　いきている。
十八のひとみは　光っている。

それは、考える目。
ただしく、ほんとうのものをつかむ目。
友だちへの　おもいやりに、　ほほえむ目。

十八のひとみ。

いつも　くもるな。

宮崎が、「くもるな」と子どもたちのひとみに呼びかけ（＝懸け）たものは、何か。彼が想い描いていることを要約すれば、つぎのようになろう。

子どもは、二つの目しか持っていない。その目に、真実の姿をとらえさせるか。それとも色メガネのふたをして、真実を見ることを止めるか。そのいずれかの外には、どんな道もありようがない。そして、何にもとらわれない目で物事をみつめ、よろこんで真実を語るという道によってこそ、子どもたちの認識は、正しい成長をとげ、本当の親孝行な子どもとしても、行動するようになる。（同上書、二六九頁、参照）

先のスローガン「十八のひとみ」の原点は、彼が教職に就いた二年目の一九三七（昭和一二）年に学級文集『生活の朝』に書いたつぎの言葉にある、とわたしは考えている。

正シイモノヲ　正シイトシ、

ワルイモノヲ　ワルイトシ、
愛スベキヲ　愛シ、
憎ムベキヲ　憎ミ、
ドコマデモ、
ドコマデモ、　ヨク生キル
私タチデス。
ソノタメニ、　手ヲ握ル
私タチデス。

（宮崎『教師そこまでの道』あゆみ出版、一九八四年、三六七頁）

真実をとらえるよう、子どもたちの眼を鍛えていく。しかも、それを教師も含めた学級という集団の力で鍛えていく。これが、宮崎の基本線。宮崎は、とりわけ、テル子やセツ子のような周辺部に追いやられている子どもたちに、人間としての叫び――喜び、悲しみ、苦しみ、怒り、願い、要求（学習要求）――を声に出させ、そして綴らせる仕事に、戦前の一九三六、七（昭和一一、一二）年頃から一貫して取り組んできた。

しかし、ここで注意しなければならないことは、それは、周辺部に追いやられている子どもたちに対して教師や子どもたちが「同情や憐憫」を示すことでは決してない、という点だ。この点で、宮崎が絶対に譲れないのは、この種の「同情や憐憫」では学級の全員に「人格の尊厳や平等の意識をつかみとらせることはできません」という確信である。人間教育に懸ける宮崎の芯の強さである。

それは、「ひとりひとりの子どもたちが、仲間という集団の前で、じりじりと自己を変革し、成長させていくとき、はじめて人間というものについての尊厳と、疑うことのできない信頼感が生まれてくる」という見通しの下で宮崎が取り組んだ生活綴方的教育方法の実践の強さである。

わたしは、宮崎のこの点にもっとも惹かれる。

3　欠席届

セツ子との出逢いで、わたしが感動を受けたコトの一つに、つぎのケースがある。宮崎が家庭訪問から学校へ戻ってみると、セツ子からの手紙が机上にある。セツ子の代わりに妹が持ってきたのだ。開けてみると、

きょうは、草むしりをするのでやすみます。なにか、しゅくだいがあったら、

かみにかいて、ようこ（二年の妹）にもたせてください。
うちでもしっかりべんきょうします。さようなら。
くまだ　せつこ

と書いてある。手紙を手にした宮崎は、「欠席届」に書いて終わりにできない。彼女は、開墾の子。五年生の彼女が学校を欠席して草むしりを手伝わないと、セツ子の家はやっていけない。先にも触れたように、母親は、わが子をいとおしむことで誰にも負けていないはず。セツ子たちにまっとうな学力をつけることに専念している教師宮崎を信頼する点でも、だれにも引けを取っていないはず。その母親が、セツ子に学校を休んで、と強いざるを得ない生活状態を宮崎は身を以て知っている。だから、「欠席」と書くだけで済ますことができない。セツ子等を取り巻く生活の現状は、欠席届というお定まりの文句やハンコで解決されるわけでもない、と悩む。

「届というものがあれば、おえらい方の学校訪問というような場合には、かくのとおり家庭との連絡をはかり、かくのとおり処理し、かくのとおり指導し、かくのとおり対策をねっていることになり、おえらい方々も満足し、学校もその面目をまっとうする。」だが、欠席の問題はどうなるのか。ここに、宮崎はこだわる。

「そのコトバはたどたどしく、その文字はたよりなく、その紙は手あかと汗、あるいはツバキによごれていようとも、子どもたちの生きたコトバを愛し、子どもたちとの膚とふれあう喜びにおののく教師であったら、子どもたちをとりまく現実に目をさしむけ、現実に生きる子どもたちに同志（仲間）としての結びつきを感じうる教師であったなら、せつ子の五、六行の手紙こそ、学校というものの、教師というものの、形式化・官僚化に対する偉大な批判であることを感じるであろう。」［宮崎「あたりまえで、のっぴきならなぬ歩み――生活綴方的教育方法と学級経営――」（小川太郎・国分一太郎編『生活綴り的教育方法』明治図書、一九五六年）、二一八頁］と宮崎は嘆く。

「お定まりの文句の中には、子どもの生きる姿も、その社会の、苦悩も喜びもありません。届をかかせておけば、それで問題がすんだように思う錯覚はおそろしい。」と宮崎は、苦悩する。

ここに、宮崎が現実に生きる子どもを「同志（仲間）」と観、仲間と捉えている動かぬ証拠がある。

そして、「学校は誰のためにあるのだろうか。明瞭に子どもたちのためにあるのだ。新しい歴史をひもとく子どもたちのためにあるのだ。学校というものは、アチラ製の観念のトリコになってよいわけもないし、教師の立身のふみ台に満足してよいものでもない。学校の空間と、その中に営まれるすべてが、子どもたちと、子どもを同志とする教師との間に流れる愛情と意思とによって統一され、生命を吹き込まれねばならない。学校は、現実に生きる子どもたちの希い、悩み、喜び、悲しみ、その他一切のもののこめられたコトバによってみたされなければならない。」(同上論文、二一八―九頁)と己れを奮い立たせる。

しかし、「職員室が、職員会が、何をしゃべっても良いという自由の空気になれば、それでよいというのではない。そのことと、結び合ってすすめられねばならないことは、私たちが、私たちの同僚と共に、現実に生きる子どもたち、真実に生きたいと希う子どもたちの言葉に、おそれと、おどろきと、歓びの耳をかたむけ、それを無視しては、日々の営みが考えられないというような教師に成長することである。このことがなくては、自由は無秩序と混乱の代名詞に過ぎないし、ファッショへの道をひらく役割を果たすにすぎない。」(同上論文、二二四頁)と断言している。

宮崎は、当時はやっていたガイダンス、カリキュラム、エヴァルエーション等というコトバを声高に叫ぶことが民主的な教育を行っていることだとみなしてしまう風潮を、それは錯覚ではないかと不快に感じていた。

これこそが、わたしが最もうたれる生活綴方教師宮崎典男を貫くヒューマニズムである。民主主義だ、平和だ、人権だと声高に叫ぶよりも、目の前の子どもたち一人ひとりが、ひとかどの人間として育っていくことに、教師である自分に何ができるか、何を為さねばならないか、ということが身体で分かっていたのが、宮崎である。

この種のヒューマニズムは、本当は、良心的な教師が日々子どもたちと触れ合う中で、ごくごく些細なデキゴトとして生じてくる。そして、それが時々、子どもたちのささやかな喜びとして表現され、その喜びに教師もうれしくなるという性格のもの。

初等教育段階の教育実践とは実に地道な仕事である。地道であるだけではなく、子どもが喜びを表してくれるまでに半年近くかかる場合もあるという息の長い仕事である。

このことは、時代を超え、国を超えて言える。二つだけ例示しておこう。

4　子どもに寄りそう民衆教師

一つは、近代的な小学校がこの世に誕生した頃――一七七〇年代のドイツの小学校の例。ベルリン西方の啓蒙君主ロヒョーが創ったレカーンの学校での話。

新任教師ブルンスが着任し、学校へ顔を出した最初の日の朝、子どもを学校へ通わせている一人の農民が、既に学校へ来ていて、つぎのようにたんかを切った。

「わしの息子Fは、毎日学校へは来ませんで。覚えておいてくださいな！わしはせがれにピンタをくらわせることだってできやす。どっちみち、わしはせがれを夏は働かせますぜ。せがれは大きくて力持ちな奴で、自分で食べるパンは自分で手にいれなきゃ！」

ブルンスが反論しようとする前に、男は肩で風を切って教室を出て行った。その剣幕に、子どもたちはあっけにとられて座ったまま、わたしも言葉を失ってしまっていた。しかしわたしは、素早くバイオリンを取り、愉快な曲を弾いて、落ち込んだ雰囲気を吹き飛ばした。

当時、村人たちは、自分の子どもには良い学校教育が必要だということをまだほとんど信じていなかった。特にどの農家にとっても人手が必要な収穫期には、学校教育は邪魔でさえあった。乾草の取り入れはだれが代わりに手伝ってくれるのか？　牛の番はだれがしてくれるのか？　ということの方が、村人には重要な問題だった。Fの親父だけが特別なのではなかった。

Fは、学校で一人だけ口笛が吹けなかった。Fが一人で必死に口笛の練習をしているのを見つけたブルンスは、彼に話しかけた。Fが自分だけが口笛が吹けない悔しさを打ち明けたとき、ブルンスは、彼を笑うどころか、彼に共感し、口笛の吹き方を教え、一緒に練習もした。Fの腕前は上がり、どちらがうまく吹けるか競い合えるくらいにまでなった。この練習は、ブルンスにとっても愉快な時間になった。彼がさらにうまくなると、「あなたのような先生は一人としていません」と感謝の気持ちまで表すようになった。こうして、教師はこの難しい子どもの信頼を得るようにもなった。

このような本当にささいなことがきっかけで、特に最初のうちは授業外の生活場面で、子どもの信頼を得、やがてその信頼が土台になって、まじめに授業にも参加するようになっていくというのが、教育実践の時代を超えた原則である。

ブルンスは、子どもたちと一緒にいることが楽しく、彼らと共に笑える教師でありたかった。彼は、一人の落ちこぼしもなしに、学校のすべての子どもを、教師からの一方的な伝達型授業ではなしに、対話を通した授業に組み込んでいけるような授業づくり＝当時としては超近代的な授業づくりに挑戦した魁であった。

彼の授業原則は、「教師が授業で、教材をめぐっての思考活動に子どもたちを導き入れることができればできるほど、彼らを発達させ、彼らに影響を与えることができる」である（拙著『近代小学校の誕生』近代文芸社、一九九九年、三六頁参照）。

もう一例は、宮崎と同年の一九三五（一〇）年に教職に就いた、生活綴方教師東井義雄。

東井の学級に場面緘黙児Aがいた。もちろん、東井は「場面緘黙」という言葉をその当時知る由もないが。しかし彼には、周りの雰囲気を心やすいものにしてこの子等にものを言わせることに成功した経験があった。この場合も、東井はできるだけやさしい教師になろうと努めた。

努めてAとあそび、Aに話しかけた。「鳴かざれば鳴くまで待とうホトトギス」式にかぎると思ったわけだ。だが、月日は無為に過ぎていく。さすがの彼も焦りだす。「鳴くまで」待てなくなり、だんだん「鳴かせてみよう」と力み始める。だが、教師が力めば力むほど、あらゆる働きかけは空回りし、Aは身体を固くする。そしてそのまま、一度も声を聞かずに一学期が終わる。

二学期が始まる。東井は、Aのことをあきらめかけていた。が、彼は、Aの掃除の仕方に感心しだす。Aの箒の使い方は、組で一番うまい。掃除が終わりに近づくと、みんなはおしゃべりしだす。だが、Aはいつも黙ってバケツの水を捨てに行く。空のバケツを下げて帰ってくるのを東井は「ありがとう」という思いで見つめ、うなずいてやるようになる。

Aはバケツの水を捨てて帰ってくるだけではなかった。水を捨て、新しい水を汲み、ぞうきんを洗い、絞り、水を捨て、また新しい水を汲むのが決まりになっていた。掃除が終わり、終わったぞうきんを丁寧に広げ、ぞうきん架けに架けてくれるのもAの決まりであることを東井は発見する。

彼はだんだん思うようになった。「Aはものを言わない。しかし、することの中で、Aはいつもものを言っている。Aの動作は、一つひとつ美しいことばではないか。こんな美しいことばを毎日、自分の行動で語っているのに、このAを責めていた私はなんという聾《ママ》であったのだろう。これはこれで、素晴らしい存在ではないか」と。

そんな何日かが続き、彼は嬉しい思いで、いつもAをみるようになった。

そんな中、変貌が生まれ始める。廊下で出会うときのAの目がほほ笑んでいるように見えるようになった。顔にほほ笑みを見たように感じる日があるようになった。放課後、作文を見ているそばへやってくる日が生じてきた。つい冗談を言うと、朗らかに笑うようになった。二学期も終わりに近いある日、寄ってきたAに冗談を言ったとき、「まあ。ちがうのに……。」かすかではあったが、Aの声を東井は聞くことができた。

この変貌のドラマを、東井はつぎのように述懐している。

あれだけ、ものを言わせようとしても、私がそうすればするほど、口をつぐんだAちゃんが、だれに強いられるのでもなく、自分から口を開いたということはどういうことだったのか。ここにも、「教える教育」の限界がうかがえないであろうか。そして、指図し、教えることよりも、それをそのまま抱きとることができるような教師になることこそ、子どもの命を聞いていく唯一の道だ、ということが考えられないであろうか。

このように、教育とは実に息の長い営みである。場面緘黙の子にかぎらず、教室でしょんぼりしている子、あまり発言しない子、あるいは逆に授業中に騒ぎだす子に対して、どう対処していけばよいのか。

この点で東井の実践は貴重な示唆を与えてくれる。東井が言うように、子どもは、色々なことを思い、考え、しゃべり、行動する。その「思い」「考え」「おしゃべり」「行動」のひとかけらをも粗末にせずに、その中に宿っている子どもの命を愛おしみ、みがき、育てていく、これが子どもを愛すること。
（『東井義雄著作集1』明治図書、一九七二年、七八―八一頁参照）

ではなかろうか。

二　子どもから学ぶ教師

1　教育に命を懸ける

宮崎典男も、教育という地道で息の長い仕事に命を懸けた教師である。ここに、宮崎の教師職に懸ける芯の強さがある。ここまで教育に懸けられる宮崎の芯の強さは、一体どこから出てくるのか。

それは、戦前からの生活綴方的教育実践の蓄積と、戦後すぐに尊敬する先輩教師鈴木道太から食らった批判ではないか、とわたしは考えている。鈴木は、宮崎が『カラマード』No.五に書いた「空白の時代」をつぎのように批判した。

民衆は飢えている。子供も飢えている。これに明るい希望を持たせ、生活と文化を再建するもの、そのための純粋な情熱は好い。だが、あくまでも科学的にこの社会のしくみをみつけ、客観的に設計図を引いて、一歩一歩進んでいかねばならぬ。純粋からだけでは教育はうごかない。

（宮崎『教師そこまでの道』二二九頁）

それでよく能天気で教師を続けているな！　と宮崎は鈴木から批判された。これは、早い話、お前は戦前の反省が足りない、という批判である。これに対して宮崎は、

わたしのヒューマニズムがなんであったかは、戦時中のわたしの行為がそれを暴露した。道太さんのいうことにはまちがいはない。教壇を去ることはきびしいが、だが、去らないことにもきびしさがある。あらねばならない。行為を離れた思想が問題なのではない。いいわけの千万言はもう不要だ。わたしは「空白の時代」をかいた。ここから出発しなければならないことはたしかだ。

（同上書、二三一頁）

と、弁解している。

宮崎は、後にレッドパージで教職を辞したときも、鈴木道太等の計らいで生計の糧を得、さらに鈴木等の支援で土湯小学校へ復職することもできた。鈴木等へのこの恩返しは、自分が担任したどの子にも、とりわけ、周辺部に追いやられた子どもたちに、しっかりとした学力をつけてやり、将来公正な社会を築いていく主人公へと育て上げること。しかもこの仕事を目に見える形で、実践で示していくしかない、と固く誓っていたのではないか。

誓いが強かっただけに、それが焦りになったときもあったのだろう。宮崎は、別なところで、つぎのようなエピソードを紹介している。〔宮崎「『楽天主義』に生きねばならない」（『教育国語』一八号、一九六九年）、一一五頁〕

彼が、教職を離れ「宮城教師の会」を主導していたとき、教育科学研究会の勝田守一から「性急な、あまりに性急な教育的行動のために、倒れるな」という温かい語りかけの便りをもらった、と。

こうして、土湯小に復職して以降、彼の生活綴方的教育実践が地道に、そして辛抱強く続けられていく。その結果の総体として、子どもたちは、宮崎に心を開いてくれるようになる。ここに、指導の技術とか、教育の方法とかいう次元を超えた「子どもと共に生きようとする」様を見ることができる。

どうしたら子どもたちが心を開いてくれるか、ということに対して、彼はつぎのように答えている。

生活綴方に魂をうちこんだ教師が、子どもの真実のコトバをひきだすために、いかなる努力をなしたか、また、なしつつあるかは、幾多の実践記録が示すとおりである。私も、そのいくらかをかいた。とにかく、教師がほんきで、子どもの声を聞こうとすれば、たいした手くだ・手練も必要とせず、子どもは真実を語ってくれる。教師が、一個の人間として、はだかになって聞こうとするかぎりは。

（「あたりまえで、のっぴきならぬ歩み」二三〇頁）

2　素直な表現

このような立ち位置から子どもたちとつき合っていけば、つぎのような「へ」の詩も出てくる。

○　とけい　　　　　　　　　　　　3　宍戸　賢造

夜、とけいが
七時を　うった。
その時、
かあちゃんが、
プーと
へをたつちゃ。
「へいも　とけいだ」と、
とうちゃんが
いった。

（同上論文、二二八頁）

これが、宮崎の言葉を借りれば、「教師がオモシになるのではなくて、人間として、すなおに、よろこんでみたり、泣いてみたり、おこってみたり、ムキになってみたりしていくうちに、自然に、そうなっていくのだというより外にないようです。そして、まじめに、子どもたちのコトバをきいたり、話し合ったり、わらったりしているうちに、教師も、仲間のひとりになっていくように思うのです。」（『人間づくりの学級記録』二五四頁）という自然体の姿であろう。

これと同時に宮崎が大切にしたのが、学習集団づくりである。

子どもたちの本音を聴くためにも、学習集団が不可欠だというのが宮崎の特色。「カンタンにいえば、集団と個人とは、相互にささえあっているという関係にある」として、宮崎はつぎのように述べている。

たとえば、社会科で、「農村のくらし」というような単元を学習するという場合、どうかすると、わたしたちの努力は、「どうして、日本の農村というものは、このように貧しいのだろうか?」「日本の農業の貧しさは、どうすればいいのか?」というところに向かうことが多かったようです。しかし、私は、それにもまして大切なことは、もっとおちついて、日本の農村の、ほんとうの姿を、あらゆる面や、あらゆる角度から、子どもたちのものとすることではないのかと考えはじめています。そして、その場合に、そのことを可能にするのは、自分の目で見、自分の耳で聞いてとらえた子どもたちのコトバではないかと思います。

（同上書、二〇一頁）

それを表すものとして彼は、つぎのような「雨」の詩を出している。

（1）　　　　4・野尻　房子

あめがふると　あめのおとが
ポッタン　ポッタン　ゆっている。
わたしは、みんなに、
「あめがふると、うつしやしない（うるさいね）」といった。
みんなは、「でんき、けいるんだべが」と、しんぱいそうなかおでいっている。
わたしも、しんぱいだ。
「また、あしたもあめか」と、みんなおもっている。

（2）　　　　4・あべ・まさひろ

きょう、あめが、うんとふってきました。
つぎのは、つぎのはと、おともしないでうつっていく。

ごぼれるものもある。
したに手をやっていると、ぽと、とながれてくる。

この詩に対する宮崎の想いを聴いてみよう。少し長くなるが抜粋引用しておこう。

子どもたちは、どんな雨をとらえているのでしょう。どんな音をきき、どんな雨をみているのでしょうか。その、音のとらえかただけでも、子どもたちは、自分の耳で、その時の場所によってちがう音をとらえています。「ポッタンポッタン」という音。「ピシャ、ピシャ」「ピシャ、ピシャ」という音。あまどの上からおち、まるいあなを土にあける「ピクン、ピクン」という音。はっぱから、はっぱに、「音もしないで」うつる水が、手にながれてくる「ぽと」という音。

それだけではありません。やお屋（このことは重要）の娘は、「でんき、けいるんだんべか」と、みんなを心配させる雨をとらえ、まさひろという子は、「なして、あめは、ふんだべな！」と、「ゆいばゆいほどふって」くる雨に、万コクのウラミをのべています。そして、みよ子は、「ひゃつこい」とばかり思っていた雨が、時によっては、「あたたかい」ことさえあることに、おどろきのコトバをはいていています。

子どもたちは、自分の目で、自分の耳で、自分のはだで、じかに見、じかにきき、じかにふれた雨をうたっています。それは、既成の概念ではなく、あくまでも、個性的にとらえられたものです。

そして、このことによってこそ、子どもたちは、多面的に、全面的に、雨というものを認識する（認識する方向に進む）のです。もし、子どもたちが、雨はつめたいもの、あめはザアザアというような、ひとつの既成の概念でしかとらえることができないのであったとしたら、子どもたちの「雨」というものの概念がいかなるものかを想像していただきたいと思います。

いわば、このことは、個性化と一般化の問題であるといってもよいでしょう。または、個人と集団的思考の問題としてとらえることも可能です。

（同上書、二〇〇―二〇五参照）

このような形で、つまり、子どもたちの生活の現実と、それとからみあって生まれ、息づき、発展し、成長する子どもたちの、魂のひだの、一つひとつを、もっとも具体的に、生き生きと、全体的に、有機的に、のっぴきならないものとして提出している生活綴方の力によって、宮崎は、「魂の技師」と言われるものにふさわしい教師として成長していったのである。

3　生活が陶冶する

ここまで書いてきて、わたしは、これは、民衆学校の父と言われたペスタロッチが主張してやまなかった「生活が陶冶（教育）する　Das Leben bilded」という教育実践そのものではないか、と思わずにはいられなくなった。

ペスタロッチは、『隠者の夕暮れ』（『ペスタロッチー全集』第一巻、平凡社、一九六二年、三八一頁）の中で、およそつぎのように言っている。

私の子どもが、直接、私の手から食べるパンが、子どもとしてのかれの感情を陶冶するのであって、子どもの将来のために、私が夜も寝ないで心配していることを聞かされてびっくりすることで子ごころが育つのではない。私の（わが子のためにする）行為について、あれこれと勿体らしくあげつらうのは、心なきしわざである。それは、子どもの心を誤り導いて、私から遠のかせかねないものである。

このような親と子の肌の触れ合いを通して、共に生きる生活を通して初めて、親を想う子心も育まれていく。この関係は、教師と子どもたちとの間にもそのまま通じるのではないだろうか。

残念ながら、ここまでゆったりと自然体で教育していくゆとりがなかなか持ちにくいというのが現実ではあるが。しかし、だからと言って、この教育の原則＝人間を育てる原則を観念的、現実離れと言って済ませることはできない。

少しでも、このような形での教育関係を教師と子どもたちの間に育むことができるにはどうすればよいか、ということを突き詰めていくのが、わたしたちの仕事であろう。

本章を締めるにあたって、もう一度、田辺テル子に関するエピソードを引いておこう。それは、宮崎に、決して「子どもは無知ではない」と確信させたデキゴトの一つである。あるとき、セツ子はつぎのような手紙を宮崎に届けている。

私は、きょうおそくまで、たなべさんに九九をおしえました。先生は、三のだんと、四のだんをおしえなさいといいましたが、たなべさんはなかなかおぼえられいので、四のだんをおしえようと思って、四のだんをおしえました。四のだんはようやくできるようになりました。三のだんはおぼえませんでした。でも、四のだんをおぼえただけでもいいと思います。三のだんをおしえなかったおわびをします。たなべさんもこくばんをじっとみつめて、かけざんをいっています。

くまだ　セツ子

みやざき先生へ。

宮崎は、「この手紙の、子どものコトバの真実が私をうつ」として「だれもいなくなった教室。暮色がうすく教室にながれこんできたかもしれません。その教室の中で、黒板を『じっとみつめて』いる四つの瞳。その瞳の中に動いている一つの感情。そして、おぼえよえとする意志と、おぼえさせようとする意志。

テル子よ、そしてセツ子よ！

その『ひとみ』よ、いつもくもるな。」

と心中を語り、「三のだんをおしえなかったことおわびします」とセツ子はいう。

しかし、「四のだんをおしえ」たのはセツ子ではなかったのか。私は、三のだんはおろか、四のだんさえ教えることができなかったのでした。実をいえば教師という私自身が、子どもたちに、ようやく、「四のだん」をわからせてもらったのだといえるのです。その上に、私には、わからない「三のだん」があるのです。しかし、こどもたちの「じっとみつめ」ている瞳は、いつも、私に、その問題と直面する勇気をあたえてくれるのでした。

（『人間づくりの学級記録』、二四一頁参照）

こうして、子どもたちの真剣で、力強い学びたいという意志によって引き起こされる学びのドラマを目の当たりにする度に、宮崎典男は、「子どもから学ぶことができる教師」へと少しずつ成長していったのではなかろうか。宮崎は、先のペスタロッチがいう人間を教育していく原則を地でいった具体例と言えよう。

第二章

子どもと「共に生きよう」とする術

一　国語の教材解釈

1　「ごんぎつね」の授業

宮崎典男の授業は、授業中に飛び出す子どもたちの発言やつぶやきに教師が「はっと」させられて、そこで即座に教材解釈をやり直し、それを子どもたちに投げ返して、もう一度子どもたちと一緒に教師もゼロから考え直していく。この考え直しの結果として教師も子どもも予想さえしなかった結論にみんなで到達する。そして教師も含めて「うぁー、すごい！」「本当だ、○○ちゃんのつぶやきをめぐってみんなで考え合った力ってすごい」「このクラスって、最高！」という感動のうずがクラスにわきおこる。これが、一つの特色である。

この感動は、宮崎が授業の中で「子どもと共に生きよう」と努めた結果として生じてくる、とわたしはとらえている。

宮崎は、事前に教師が予想できなかった発言やつぶやきを拾い上げて、予定していた授業構想を臨機応変に変更する術（Kunst）に長けていた、と特色づけることができる。教師であればだれでも望むこのような術はいったいどうしたら身につけることができるのか。これが、本章の課題である。

宮崎の論文に再三出てくる「ごんぎつね」の授業を例に、「子どもと共に生きよう」とする術の中身を少し検討してみよう。(なお以下で引用する「ごんぎつね」のテキストは、当時宮崎が使用したものであり、現在の教科書文とは異なる箇所がある)。

例1

1 「おれと同じ一人ぼっちの兵十か。」

2 こちらの物置から見ていたごんは、そう思いました。

3 ごんは物置のそばをはなれて、向こうへ行きかけますと……

ここを読んだとき、ある子は、1と2の間には時間があると指摘した。ごんは、兵十の姿を自分の姿に重ね、一人ぼっちになったさびしさを深刻に思っている。直ぐに離れていけるはずがないのだ、とその子は言った。2の文の「。」と改行を感情的・心理的・情緒的に読んでいたのである。

[傍線引用者、「授業過程の展開(一二)」(『教育国語』五二号、一九七八年)、一四二頁]

傍線を付したように、その子は、2の文の「。」と改行を感情的・心理的・情緒的に読んだ。ごんは、兵十の姿に自分の姿を重ね、一人ぼっちになったさびしさを深刻に思っている。だから直ぐに離れていけるはずがないというその子の解釈に、ではなぜ宮崎は「そうだ」と同感できたのか。

わたしは、今までに三千時間以上小学校の授業を観ているが、この個所は、授業者がなかなか同感できないところ、見過ごしてしまうところである。それなのに、宮崎にはできた。その理由としては、さしあたって、つぎの三つの前提条件が考えられる。

2　子どもと「共に生きよう」とする構え

A　**何でも言える教室の雰囲気**：学習集団がある程度育っており、本音が言える全員参加の授業ができるようになっている。だから、ここでのその子の本音に対して教師が丁寧な対応をした、というのがこの例。これについては前章で述べた。

B　**「生活台」に寄りそう教師**：たとえ小学校低学年の子どもであろうと、教師以上の厳しい生活を生き抜いてきている子が厳然として居る、そのような子どもに小市民的な生活をしてきた教師が教えられた、それで初めて教師になる本当の道に入れたという原体験が、宮崎にはある。

その宮崎だから先のような発言をした子に出逢えば、そこですぐさま原体験がよみがえり、「一人ぼっちという点では、あの子は、確かに教師であるわたしよりも、厳しい思いをしている。その子の解釈だから、わたし以上に深いにちがいない。ここでも子どもにわたしは教えられたのだ」と、とっさに判断できたのではないか。そして、よし、この子に懸けてみようと決断できたのではないか。その子の発言が、その子にしかできない「生活台」をくぐらせた読みだ、と宮崎は「はっと」気付かされたのである。

もちろん、宮崎にこれができたのは、学級の子ども一人ひとりについて、その子がどんな環境で、どんな家庭で、さらに生まれたときには死にそうだったということまで含めた成育歴をトータルに把握している、という前提がある。この前提を、宮崎は、子どもたちに生活綴方を書かせる中で、子どもたちが本音で語り合えるような風土を育むことで、学級に子どもたちが「おれ、本当のことを言う」という風土を培うことで、創りだしている。
C　教材解釈の深さ・柔軟さ：第三点目は、文章をもう一度読み返してみると、あの場面以前に、あそこで、ごんがそう感じ、そう動かざるを得なかった何かがはめ込まれているはずだ。それは何か、ということを宮崎が事前に見当をつけていた、という前提がある。見当をつけていなかった場合でも、実際にはこの場合の方が多いのだが、授業を先に進めることを直ちに止めて子どもたちと共に考え直そうという構え、子どもと「共に生きようとする」構えが、宮崎には確立していた、とわたしは解釈している。

3　同化と異化

先の前提を見つけるために、彼の他の論文に当たってみたら、出てきた。それが、例2である。

例2

兵十はぼろぼろの黒い着物をまくしあげて、こしのところまで水にひたりながら、魚をとる、はりきりという網をゆすぶっていました。はちまきをした顔のよこっちょに、まるいはぎの葉が一枚、大きなほくろみたいにへばりついていました。

T　この兵十のすがたはどうだ？
――笑いたくなる。

――こっけいだ。

――そう。ぼろぼろの着物をまくしあげて、こしまで水に入っている。

――顔のよこっちょに、まるいはぎの葉がへばりついている。
T　顔の「よこっちょ」とかいてあるね。はぎの葉が、ほくろのように「へばりついて」とかいてあるね。どうして？
――こっけいだから。

――はっぱが、虫のようにくっついてはなれないでいる。

――先生、あのね。ここ、兵十のすがたは笑いたくなるくらいこっけいです。でもね、兵十にしてみると、とても本気なんです。こしまで水につかって、はぎの葉っぱが、虫のようにくっついているのもわからないで、むちゅうで、はりきりあみをうごかしているのでしょう。兵十は、ほんきなんです！
T　そうだ。とても、本気なんだね。ところが、それを、ほかの人から見ると？

——こっけいになる。

T　ごんからは?

——やはり、こっけいにみえる。

このとき、すばらしい発言をしたのは、いつもおとなしい英郎であった。何年か前のことだが、そのときの、英郎の目のかがやきと口のうごきが、いまも、わたしのまぶたのかげにやきついている。

〔「授業過程の展開（四）」（『教育国語』四三号、一九七五年）、一三〇―一三一頁参照〕

傍線を付した部分を見てほしい。兵十の真剣さは、どの教師にもすぐわかるが、その姿が他人から見れば滑稽に見える。でも多くの教師は、この場面では兵十に「同化」しすぎてしまう傾向があり、なかなか「外の目」、つまり、「異化」して見ることができない。だから、国語の授業が異常に道徳化する傾向がいまだに残っているのだ、とわたしは判断している。

いま、「外の目」「異化」という言葉を使ったが、この言葉は、「視点論」の立場からの読みを重視する文芸研の西郷竹彦氏がよく使うタームである。

視点論の立場から「ごんぎつね」の教材解釈をし、授業構想を説いた西郷竹彦『教師のための文芸学入門』（明治図書新書、一九六八年）を調べてみると、宮崎が気付かされたような読みとりはなされていない。西郷氏も読みとれなかったこの部分が、ではなぜ宮崎学級の子どもたちには読みとれたのか。こんなところに、わたしが宮崎に無性に惹かれる理由がある。

大人である教師に比べて、遊び盛りであり、いたずら盛りである子どもたちには、苦もなく兵十の姿を「異化」して見ることができたのではないか、とわたしは考えている。なんて滑稽な姿か！（わたしでも）ちょっとからかってやりたくなる、いたずらしてやりたくなる、と何の苦もなく素直に思えるのが子どもではないか。これが、教師が子どもから元気をもらうことの中身、つまり「子ども性」である。

「子ども性」については、前章でもふれたように、子どもたちに本音の綴方を書かせていくと、「屁」を題材にしたものがたくさん出てくることからも了解できよう。宮崎は、傍線を付した子どもの発言からこのことに気付かされたのである。それで、「そのときの、英朗の目の輝きと口のうごきが、いまも、わたしのまぶたのかげにやきついている」と記しているのだ。

宮崎は、この部分を上述したように子どもに教えられたと白状しながら、ここが、この作品の「おこり」(=起・承・転・結の「起」)であるから、「ここでとりむすばれたごんと兵十の関係が物語を発展させることにもなるし、事件の性質をも規定することになる。したがって、兵十とごん、それぞれの態度や心理状態をはっきりとイメージすることは、以後の読みとりに大きく影響する。ごんは本気でとった兵十の獲物にいたずらをするわけだが、その兵十の本気さがごんにはわからない。ちょっといたずらでもしたくなるこっけいな姿としかうつらなかったのである」と記している。

(同上論文、一三〇―一三一頁)

まじめな兵十の姿が、子どもたちには滑稽に見える。これは、子どもがふざけているからではなく、これこそ、何の曇りもなく本質を見抜く子どもたちの「眼」ではないか。

このことを経験的に知っている教師が、子どものつぶやきに立ち止まることができる教師。一見ピント外れに思われる発言にも共感できる教師である。このとき、教師と子どもたちの間には「魂あいふれて」という関係――教師が子どもと「共に生きようとする」関係――が成立している。だから、教師が子どもに教えてもらうというドラマも生じる、とわたしは考えている。

それと、ここでもう一つ付け加えておきたいことは、授業の中で「魂あいふれて」という関係が成り立つためには、教師が真剣に教材研究に打ち込んでいる、という前提がある。宮崎は、「ごんぎつね」を指導するにあたり、新美南吉の他の作品との比べ読みをやりながら、新美の世界に迫る努力＝作家研究をしている。作家研究については、たとえば、つぎの例を挙げることができる。

4　比べ読みによる教材研究

南吉の『てぶくろを買いに』『飴だま』『さるとさむらい』とを比べながら、宮崎は、およそつぎのように「ごんぎつねの悲劇」の世界に迫っている。

例3

『さるとさむらい』では、人間はどんな人間でも、やさしくなるものだという物語。が、それだけではなく、やさしくなるのはやさしくなるだけの理由があることも語っている。やさしさという人間らしい感情が育つためには、相手を「理解」するという機会がいる。「ごんぎつね」は、どうか。兵十は最後になるまで、ごんに対してやさしくなることがなかった。一方、ごんの兵十に対する気持ちは、はじめとおわりで変わっている。はじめは、兵十をばかにし、からかっていたが、あとでは、どうにかして兵十に分かってもらいたいと思うようになる。どうしてか?—兵十を分かる機会があったからだ。—それは、おっかあの葬式のときの兵十、いわしをなげこんでやった翌日の兵十……念仏の月夜の晩等だ。—こうしてごんはいくつかの機会を通して、ひとりぼっちの兵十のさびしさが分かってきた。ごんは兵十の姿に、自分の孤独のさびしさをみた。兵十と分かりあえるはずだし、分かりあわねばならないとせっせと「つぐない」を続ける。ところが、兵十にはごんの心に触れる機会が与えられていない。与えられたのは、兵十がごんを撃った後。だからといって、兵十は決してやさしさのない人間ではない。ただ、兵十には、にくらしいと思う気持ちを変える機会がなかった—マイナスの機会だけで。そして、ごんはその兵十にひきよせられていくのだから、悲劇に終わる。「片思い」の悲劇。しかし、『ごんぎつね』の悲劇は、「人間は最悪の場合が予想されても、人間的なむすびつき(やさしさ)をもとめないではいられないものだ」という美しさを語ってやまない。[「複数の作品を取り扱う」(『教育国語』八七号、一九八六年)、一二五—一三七頁参照]

というのが宮崎の解釈の主旨である。

さて、話を戻して、先に、文芸研の視点論について触れたが、宮崎も視点論的な読みをやってはいる。たとえばそれは、「ようし。」と「兵十が火縄銃に弾を込める『ごんぎつね』の山場で、教師が『君ならどうする？』と問うてはならない。こう問えば、子どもは、『はっとして我にかえり……物語の外部にひきずりだされる』これでは文学作品を読んだことにはならない」〔宮崎「教材と授業」（『教育国語』一四号、一九六八年）一三三頁〕と指摘していることからも窺える。

わざわざこの指摘を引いたのは、大学で国語科教育法を教えていて、この個所の指導案を書かせると、このとき「きみならどうする？」という発問を考えて平気な顔をしている学生が多くいるからである。

話を第二節の最後とつなげよう。

D　周辺部の子へのまなざし＝教材のつくり直し：ここには、もう一つ注目すべき点がある。それは、普段おとなしい英郎がここで教師に先のように認められた、その場面にクラス全員の子どもたちが居合わせているという臨場感がある、という点だ。もちろん、このことが英郎に感得されており（これはそのときの英郎の行動・表情から読み取れる)、教師にも感得されている。だから、宮崎は数年前のことを昨日のことのように思い浮かべることができるのである。それほど深い体験を、ここで宮崎はしている。このとき、宮崎は、この英郎の発言に「はっと」させられて自分の全存在を懸けて授業の軌道修正を行った。

ここで、宮崎は、英郎と「共に生き」、クラスの子どもたち全員と「共に生き」ようとした。このような「共に生きようとするライブ性」を教師が仕かけ続け、子どもたちに共有させることを積み重ねていくことが、授業の中での集団づくりである。

二　学習集団の授業づくり

1　教材のつくり直し

学習集団の授業づくりとは、教師が、たとえ一瞬であれ、子どもたちと「共に生きようとする」授業づくりなのだ、と言える。そして、教師が子どもと「共に生きようとする」この一瞬一瞬の積み重ねが、授業の中での集団づくり、「教材づくり」である。

宮崎も言うように、「教科書にあるとかカリキュラムにもられているから教材になるのではない、教材にするのは教師である。それが教師の任務」〔「授業過程の展開（四）」（『教育国語』四三号、一九七五年）、一四一頁〕なのである。こうして、眼前の子どもたちと「魂あいふれ」あいながら教材づくりをしていくのが、学習集団の授業である。

このとき、授業をしている宮崎学級は、生活綴方教師鈴木道太が戦前に唱えた、

一人の喜びがみんなの喜びになり
一人の悲しみがみんなの悲しみになる……学級（第四章で詳しく触れる）

になっている。

授業の中で子どもと「共に生きようとする」教師は、七〇歳まで現役の中学校教師を続けた大村はまが「二度と同じ教材を使わない」ということをモットーにした教師魂に通じる。

単元学習に力を入れていた大村は、同じ学年で同じ単元であっても、去年の子どもと今年の子どもはちがう、ということを肝に銘じていた。教師が、このスタンスに立ったとき、眼前の子どもたちに合わせた「教材づくり」（＝教材のつくり直し）がで

きる。授業中、子どもがよそ見をしたり、居眠りしたりするのは、「先生の授業面白くないよ、分からないよ」というサインなのだ。だから、この子どもたちに対して「静かにしなさい！」と注意をするのは、教師の負け、とさえ言っている。こうして、大村は、子どもたちが進んで耳を傾けて聴きたくなるような単元づくり、教材づくりに励んだ（刈谷夏子『評伝　大村はま　ことばを育て　人を育て』小学館、二〇一〇年、参照）。

教材のつくり直しに関して、宮崎のもう一例を挙げておこう。

例4

お昼がすぎると、ごんは、村の墓地へいって、六地蔵さんのかげにかくれました。

この一文は、ごんが村のうら通りを通りかかると、女たちが髪をすいたり、おはぐろをぬっている。なんだろうと思って兵十の家の前へきたらこわれかけた家に人が集まり、おもてのかまどでは、よそゆきの着物に手ぬぐいを下げた女たちが、たち働らいている。ごんは「ああ葬式だ」と思う。そして、「兵十の家のだれが死んだんだろう」と疑問をもつ。

学級でこの文を過ぎようとするときになって、光雄はようやく決心したように立ちあがって、話しだした。

「お昼がすぎるとでしょう。これは、お昼がすぎてとちがう。どうちがうかというと……ごんは、おひるになるのをいまかいまかと待っていて、お昼がすぎるとすぐ墓地にいった。お昼がすぎてというと、なんだか、お昼をまっているようではない。」

光雄はいっしようけんめいだった。ことばがつかえると、左のてのひらに右こぶしをうちつけている。だが、そのしどろもどろのことばにわたしたちはほっとした。光雄は、動詞の文法的な形に着目したのである。

おひるがすぎる（現在形）と墓地にいく。

おひるがすぎて（第二中止形）墓地にいく。

（略）

〈……と〉で結ばれた方が原因・結果の関係が強いことは、だれにでも分かる。したがって、この場合、墓地に行くという行動は、「お昼がすぎる」という時刻の変化と強く結び付いていることが分かる。したがって、ごんは、正午になるのをいまかいまかと待機していたことになる。とするなら、「すぎて」ではなく「すぎると」という文法的な形が選らばれたということは、ごんの心理状態と無関係ではない。読み手は、この文法形を意識的に読むことによって、ごんの心理の世界にまで到達することができるのである。このことを光雄は意識したのであった。〔宮崎「学級という集団」(『教育』No.二四六)、七九―八〇頁〕

これは、授業の中での教材のつくり直しの例である。

2 「学習」は相互作用の軸

先の場面についての宮崎の説明をまず聞いてみよう。彼は言う。

学級という集団が学習集団としての本質的な性格を貫くなら、必然的に光雄のような子が生まれてくるのであり、そのことを偶然的・個別的な現象だと決めてかかることはできない。したがって、学級の中で、一人ひとりの仲間が変化し成長していくという具体的な事実が発生するということを、教師は的確につかみとり十分に発展させなければならない。第一に学級という集団は、その集団を構成している子どもたちを科学や芸術に目覚めさせなければならないことである。科学や芸術の世界に入り込んでいく力量・方法・態度を育てねばならないということである。その意味で「学級」ということばは「学習集団」ということばで置き換えていいのである。集団は単なる「群」ではない。共通の目標を軸にして組織されている意識体なのである。つまり、学級という集団は光雄のような子どもをつぎつぎと生産しなければならない。そして学級という集団はそのことによって成長するよりほかないのである。学級が子どもを同化するという。子どもが学級を成長させるという。その相互作用の軸として「学習」がある。このことは極めて一般的で平凡な事実である。もっとも一般的であるものこそが、もっとも本質的なのである。学習集団である学級が、「学習」という本質的な機能を停止するなら、もはや学級は存在しない。

（同上論文、八二頁）

すぐ分かるように、光雄の発言は、学習集団の授業だからできたということに関する宮崎なりの説明である。これは、先にわたしが、Dとして説明したことと重なるので、これ以上の解説は必要なかろう。

ただ一つ、子どもたちに科学や芸術の世界に入り込んでいく力量・方法・態度を育てるために、教師は、体系的で強力な指導性を発揮していく必要があることを確信していたのが宮崎だったということを、ここで再確認しておきたい。

同じように戦前からの生活綴方教師であった石橋勝治が、東京四谷第四小学校での教師の指導性を強力に発揮する実践をしたとき、ときのGHQから石橋は軍国主義教師であると追放されたことを、わたしは思いだす。石橋も、そして宮崎も、こうしてレッドパージで教職を去らねばならない窮状に追い込まれたのである。あの軍国主義の厳しい弾圧の中でも追放されなかった二人なのに。

さて、光雄の解釈に戻ろう。宮崎は言う。


とするなら、「おひるをすぎると」はなおさら重要な意味をもってくる。「お昼」という「時刻」がくることを、ごんは自分の意思によって左右できない。ごんはその時刻の到来をまつよりほかにはない。その待望の時刻が「おひるがすぎると」ただちにごんを次の行動にうつらせているのである。教師はこれを見落としていた。さいわいにして、光雄という生徒の意識的な「よみ」が、その日の授業を危うく成立させたのであった。このようなことはけっして教師の名誉でもないし、ドラマ的だと推奨すべきことでもない。

（略）

光雄は、普通学級に学んでいるが、底辺に位置する子であった。警察から補導をうけたこともあり、いわゆる問題児でもあった。しかし、いずれにおいてもこの子どもたちは、文学作品をどう読まねばならないかという原則をはっきりと示してくれているのである。〔「授業過程の展開（三）」（『教育国語』四二号，一九七五年）、一一〇頁―一一一頁〕

周辺部に位置する光雄が、警察から補導を受けたこともある光雄が、教師が見過ごしていた「……と」の文法的解釈をやってのけた。もちろん、光雄は、文法的にこの文章を解釈した結果として「と」の読み取りをやったのではなかろう。また、教師もこのことを「科学的に」突きとめていかなければ、とこだわる必要もなかろう。ひょっとすると、警察沙汰になったことと関係して、このような「自分の意思で左右できない時刻を待ち望んだ」経験が光雄にはあったのかもしれない。

ともあれ、光雄にしかできなかった読み取りに、教師も含めたクラス全員が「教えられる」ということがどうして起こるのか、ということを検討するのが本章の課題である。

ここには、周辺部の子どもが、「文学作品をどう読まねばならないかという原則をはっきりと示して」くれたという事実がある。光雄のおかげで、宮崎は、教材のつくり直しができたのである。そしてこの授業で子どもと「共に生きようとする」教師になることができたのである。

3　学習がおもしろい

この光雄については、後日談がある。宮崎は珍しく光雄たちを五・六年ともちあがる。光雄は五年になったときにつぎのような作文を書いてきた。

ぼくのスタート

ぼくは、この一年間おもいつづけた。べんきょうがもっとやさしかったらと。でも五年生はべんきょうがなまやさしかったらだめなのだ。……ぼくが、やる気がでてきたのは四年の三学期ころからだ。それも、三学期が終わるころ（ごんぎつねを勉強した頃）のようでもあるが、はっきりしない。べんきょうということがどういうことかわかったような気がしてきた。おもしろくなってきた。

（宮崎『読むよろこびのとき』きた出版、一九八二年、六頁）

宮崎が、子どもと「共に生きよう」と努める授業をすることで、光雄のような周辺部にいる子どもにも、勉強の面白さが分かるようになってくる。このように授業の中で周辺部の子どもが脚光をあびるような授業づくりは、他の例で言えば、斎藤喜博が大事にした「一汽車遅れ」のつぶやきを拾う授業づくりの実践に通じる。

以下、この点を、わたしが経験した例で説明してみよう。

学習集団の授業では、周辺部の子どものつぶやきを拾うことによって授業を展開していくということを重視する、とわたしはずっと主張し続けてきた。あるとき、豊田は、周辺部の子どもに味方しすぎだ、それではよくできる子どもが足踏みさせられる、彼らの学習する権利も配慮するのが教師の務めではないか、と反論されたことがある。

すでに、この光雄の例で分かるように、［周辺部の子＝程度が低い」という解釈しかできない、という「子ども観」こそ誤りである、ということについて、ここでこれ以上説明する必要はなかろう。

それともうひとつ、宮崎が鋭くてしっかりした授業案を持っていたことも忘れてはならない。宮崎は、「授業案としてさえ成立していないものが、授業として成立するわけはない。わたしたちは、しばしば、その困難にまけて、子どもによりかかったり、偶然にたよったり、経験を過信してしまう。しかし、その結果は目に見えている。授業案が必然的な厳密さをもつとき、授業ははじめてその機能とおもしろさを発揮するのである」と述べている〔宮崎「授業過程の展開」（五）（『国語教育』四四号、一九七六年）、八二頁〕。

このように、光雄のつぶやきに教師が「はっと」気付くということは、決して偶然に起こることではないのである。この点での教師の精進も、忘れてはなるまい。

三　教科書の文章がおかしい

1　教師も立ち往生

わたしの仲間が行った「ごんぎつね」の授業でもつぎのようなことが起こっている。

その明くる日もごんは、くりを持って、兵十のうちへ出かけました。兵十は、物置でなわをなっていました。それで、ごんは、うちのうら口から、こっそり中へ入りました。

そのとき、兵十は、ふと顔を上げました。と、きつねがうちの中へ入ったではありませんか。こないだ、うなぎをぬすみやがったあのごんぎつねめが、またいたずらをしに来たな。

「ようし。」

兵十は立ち上がって、なやにかけてある火なわじゅうを取って、火薬をつめました。[『新編　新しい国語』四年下（東京書籍）]

先の部分を読み取っている最中に、ひとりの子が、「先生、そんなにのんびりしていたら、ごんが逃げてしまう。」とつぶやいた。（後で聞いたのだが）この子は、あまり勉強が芳しくないと、自分もそして仲間も共に認めている子だそうだ。教師も、子どもたちも、その子がいったい何を言っているのか、さっぱり分からない。

教師がもう一度聞き直すと、その子は、「兵十は、①最初、物置で縄をなっていたのでしょう。②そしてごんを見つけて、③それから今度は納屋へ行って、④そして火縄銃を取ったのでしょう。物置から納屋へ行く間にごんは逃げるんじゃないの！」とたどたどしくではあるが、今度は力強く答えた。

聴いていた子どもたちも、「本当だ、①～④では間が空きすぎる。長すぎる。ごんは絶対に逃げるよ。」と、その子に同調しだす。

「それと、先生。やっぱり教科書の文章おかしいよ。兵十の家って本当は貧乏なんでしょう。でも、この文章を読むと、兵十が住んでいる家と、物置と、そして納屋と三つもあるよ。」「本当だ、これって変よ。わたしの家なんか、３ＬＤＫひとつ。わたしの家より大きい。」と教室は騒然となった。

教師も分からなくなり、「先生も分からなくなってきた。今日はここまで。でも、みんなはすごいね。教科書の文章がおかしいとまで言いだす。先生うれしい！」と言って授業を終わった。

後ろで観ていたわたしも、うなってしまった。子どもたちが「おかしい」と思ったことにどう考えても分がありそうだ、という気持ちが吹っ切れず、大学図書館で『校定新美南吉全集』に当たってみた。

南吉が一七歳の時に『赤い鳥』に掲載してもらおうと送った草稿では、全編納屋になっている。物置は一度も出てこない。

この場面も、「納屋で縄をなっていた↓ごんを見つけた↓『よおし。』兵十は、立ちあがって、丁度納屋にかけてあった火縄銃を取って」と全くスムーズである。物置と納屋が別物だったら、「丁度」ではないではないか、ということも分かった。子どもたちの推測は、正しかった。しかも、教科書文では、「丁度納屋にかけてあった」の丁度が抜けている。かけてあったもかけてあるになっている。

わたしは、早速このことを先の先生に伝えた。

その先生は、翌日、「この前、みんなが『この教科書の文章おかしい』とまで言いだして先生も混乱してしまった。でも、そのことが気になったので、後で南吉の原文を調べてみたの。そしたら、原文は全部納屋だった。そうすると、この場面も完全にすっきりするよね。『丁度納屋にかけてあった火縄銃』だから『ようし。』と立ち上がって直ぐ取れる。でもこのことを先生に分からせてくれたのは、○○君のつぶやき、そして、教科書の文章おかしい、家が三つもあるの！　と発言してくれた△△さんのおかげ。○○君と△△さんに改めて拍手！」とパフォーマンスした。

この話を聴いた子どもたちは、おそらく、「わたしたちの先生ってすごい。わたしたちはもう済んだと思っていたのに、先生ずっと気にして、専門の本まで調べてわたしたちに教えてくれた。」という反応を示したのではないか。

ここには、子どもたち一人ひとりの発言、意見を交流し合い、学び合う学習集団が生まれている。この集団の輪の中には教師も入り、わたしまでも仲間に入れてもらった。おかげで、わたしも楽しい教材研究をする機会に恵まれた。この授業を観なければ、わたしにも教科書文と原典を比較してみようという動機もわいてこなかっただろう。学び合いの輪は、教室の枠を超えて拡大していく。このような授業づくりにかかわることができたら、これほど楽しいことはないのではなかろうか。

2　柔軟な教材解釈

ところで、この授業では、何が起こったのだろうか。少し分析してみよう。

はっきりしていることは、「教科書の文章がおかしい」と子どもたちが教師に「反問」したことである。しかも一人ではなく、集団で疑義を出し、「反問」してきた。そしてこの「反問」に教師が正面から応えようとした。「あの子は、勉強が芳しくない子、授業進行の邪魔をするな！」と最初の子どものつぶやきを切り捨てなかった教師の授業観が功を奏したと考えられる。「教科書に間違いがあるわけがない。」と教師が高飛車に子どもたちの発言を抑えなかったことがよかった、とわたしは判断している。

それに、ここでは、教師の傲慢さが全く感じられない。たとえ小さなつぶやきであっても、あるいは、たどたどしい発言であっても、また、授業中に普段よそみをしたり、私語したりする子の発言であっても、さらには「わたし、分からない」というつぶやきであったとしても、教師が、どれも「ひとかど」の発言のはずと真摯に対応している姿がある。

このような教師の姿は、自然と子どもたちの中にも染みとおっていくにちがいない。先に宮崎で確認したように、このとき、この教師も子どもと「共に生きようとする」授業づくりをやっているのだ、その子のつぶやきに懸けて、「立ち往生」してしまうぐらい「共に生きようとする」授業を、子どもたちとの協働作業でやっているのである。

宮崎がよくやるように、この場面の文図を描いてみれば、家、物置、納屋をどう表せばよいのか、直ちに、問題点が浮かんでくるはず。でも、宮崎の場合そこまでいかなかった。この場面の文図を描いてみようという気持ちが宮崎にはわいてこなかった。先に引いた西郷『教師のための文芸学入門』でも、ここまでの教材解釈はなされていない。ところが、わたしが観た授業では出た。この差は、決して二人の教師の力量の差ではない。そこにどれだけの学習集団が育っていたかのちがいではないか、とわたしは解釈している。

宮崎は「ごんぎつね」に対する教材解釈を精いっぱいやっている。それが、どれぐらい深かったかを示すのがつぎの引用である。今後、わたしたちが「ごんぎつね」の授業をやる場合の共同財産として活用できるもの、とわたしは考えている。少し長くなるが、ポイントだけ引用しておこう。宮崎典男の「人生観」を垣間見ることができるからだ。

○（最後の場面は）「兵十は火なわじゅうをぱたりとおとしました。青いけむりが、まだつつぐちからほそくでていました。」となっています。「まだつつぐちからほそくでていました。」は、理解されようとして、理解されなかった―あるいは、死ということによってしか理解されなかったごんの孤独な魂のかなしさを表現しているのかもしれません。あるいは、ごんの、はかなくはあったが、ひたむきな行為の美しさをいっているのかもしれません。さらには、それにもかかわらずごんを死につきおとさずにはいられなかった兵十の傷心と、自分をそうさせたものに対する悲しみと怒りとをさえ訴えているのかもしれません。作品は「死」というもので終わった。しかし、終わらせてはならないものを読みてにつきつけてこの作品は終わっています。

〔宮崎「石山修平『教育的解釈学』をどう継承するか」(『教育国語』三号、一九六五年)、六頁〕

○ごんはいたずらものの子ぎつねです。うなぎをぬすんでにげるという行為は、兵十のいかりをかきたてます。しかし、なんばをむしりとったり、むぎからを焼きはらうという「前がき」の部分から、うなぎをさらったあとでいわしをなげこんだり、きのこやくりをもちはこぶことをつづける最後まで、ごんの行為は、彼のいう「つぐない」ということばをこえて、「ひとりぼっち」の兵十の境遇についての共感、自分の感情のひたむきさに生きています。ところが、その行為は、兵十にとっては憎しみの対象でしかありません。人間的な結びつきを求めるごんの行為(理解されたいという行為)が、兵十にとっては、兵十とごんをひきはなす行為(理解をさまげる行為)として、そのすじは発展していきます。くりやきのこをはこびこむという行為を重ねても、「神さま」のせいにされてしまいます。「憎しみ」さえ、ひとつの人間的関係といえます。ところが、いまは、その関係さえ、絶えてしまいます。ごんは「ひきあわない」と思う。しかし、そうであればこそ、山のものをはこぶことをやめることができません。そして、ついに、悲劇は、必然的に、そのやまばに到達します。そうとするなら、この作品は、「ごん」という幼いひたむきな魂も、「死」によってしか理解されえなかったという物語だといえます。さらに一般化すれば、人間というものは、いかに理解しがたいものか、理解されがたいものであるかということをしめしているといえるでしょう。

○さらに、この作品は、ごんという幼い魂が理解されえなかったのは、なぜかという問題を私たちにつきつけています。ごんの行為は、ごんの孤独な魂の成長として必然的な発展をたどっています。兵十の怒りも、人間的な当然な感情として受け止めることができます。そこには、何一つ異常なものはありません。しかし、それにもかかわらず、物語は悲劇への必然的な結末をつげなければならなかった。いったい事件をここまで動かしてきたものの正体は何か？　という問題です。ここで、私たちは兵十の生きていた因習にとざされた社会、というものを見ないではいられません。また、ごんの生きていた「ひとりぼっち」の社会というものにも目を向けないではいられません。そして、それらのあいだを結びつけるなんらのきずなも存在しなかった事実にも目をおおうわけにはいきません。ふたりを悲劇におしこんでいった原因はここにあったというべきです。二人の生きていた因習的で孤立した社会というものに深く根ざしていたということです。（同上論文、一六―一七頁）

繰り返すが、子どもと「共に生きようとする」授業が宮崎にできた最大の理由は、学習集団づくりと深くて柔軟な教材解釈の二つが、いわば車の両輪のように統一して機能しているからである。

3　チューリップに種ができる？

このような授業は、国語科だから起こるのではない。学習集団がある程度育っているクラスなら、どの教科の授業ででも生じる。最後に、その例として、もう一つ挙げておこう。

わたしが参観した理科の授業。教材は、前時までの生殖器官としての花の学習が終わり、「植物の殖え方」の導入部分。

1．花にはおしべとめしべがあって、種子ができる。これは昨日までにやりましたね。みんな分かりましたね。

2. 今日は植物の殖え方を勉強します。色々な殖え方があります。球根で殖えるもの、何か知っていますか?
3. チューリップ、ユリ……そうですね、みんなよく知っていますね。では、今日は、チューリップが球根で殖えることを詳しく勉強しましょう。

と、スムーズに授業が進み始めた。(ようし、この調子と)教師がチューリップの球根の図を見せようとしたとき、一人の子が、「先生、チューリップにも花咲くよ。種できるのとちがうの?」とつぶやいた。そのとき、教師は、そこで「はっと」して、立ち止った。(わたしに、後で話してくれたのだが)内心、「花にはおしべとめしべがあって、受粉して種子ができる、ということは昨日までにやった。それは横へ置いておいて、今日は球根で殖える勉強と言ったでしょう! 勉強できないくせに、教師の邪魔をするな!」と言おうとしている高圧的な自分に気づいたのである。

そして急遽軌道修正しなければと、「本当だ。○○ちゃんの言うように、チューリップにも花咲くね。では、なぜチューリップは、花↓受粉↓子房↓種子という流れで殖えないのだろうかね。先生も、今日○○ちゃんに言われるまで全然気がつかなかった。いま急に先生説明できないけど、でも、○○ちゃんの言うこともよく分かる。少し先生この点を研究してきたい。研究して分かったところをみんなに報告する。だから、今日はとりあえず球根で殖える植物について勉強することやらしてくれる」と子どもたちに約束した。

去年の夏（二〇一〇年）、ある県の教育委員会で新任の小学校の先生方相手に「授業づくり」で講演をした。一五〇名ほどの新任教員に、「チューリップには、条件がそろえば種ができると思いますか？」とたずねてみた。予想通りと言おうか、二／三以上の教師が「種はできない、なぜならチューリップは球根で殖えるから！」と答えてくれた。わたしは、この事例を取り上げなければならないことを再確認させられたのである。

ところで、ではなぜこの教師は、「教師が確かめるために、研究時間がほしい」と言うことができたのか。それは、

a　この教師には、子どもと「共に生きようとする」授業をしたい、という職人魂があった、

b　それと、子どもたちが今学習していることにとことんこだわって、自分が今まで見聞きしてきていること、既に学習したことと結びつけ、そこをくぐらせながら考

えていく、宮崎流に言えば、いわゆる「生活台」をくぐらせて考えていく、その際、少しでも分からないところがあれば、いつでも、「わたしは分からない、どうしてなの？」と発言できる学習集団が育っている、という経験をしてきていること、

c　この授業では即答できなかったけれど、自分と一緒に学習集団の授業研究をやっている仲間に聞けば、きっとよい解釈を教えてくれるはず、という仲間への信頼感がある（これも大事）、

d　（これはわたしが後で聞いた話だが、この教師は）来年の春チューリップの花が咲くとき、チューリップの子房に種になる元があるか否か、実際にみんなで調べてみよう、これはこのクラス全員の宿題としよう、という長いスパンで習得したことを活用し、探究する活動へとつなげていく、という見通しを立て、子どもたちとの約束を果たした、

と、まとめることができる。

この事例は、子どもたちが教師にさらなる教材解釈を要求し、教師が子どもと協働しながら、教材のつくり直しを介した授業づくりをしていこうとする学習文化が、形成されていくのが学習集団の授業づくりである、ということを示している。

ｄのような宿題を出す教師は、子どもから見れば、先生はわたしたちと一緒に研究してくれる友だちと映る。ここに、子どもに信頼される教師になれる秘訣がある。

4　授業法の新旧

今から二〇〇年以上も前、プロイセンの師範学校長ディンターは、古い授業法と新しい授業法を比較してつぎのように述べている。（拙著『近代小学校の誕生』九〇頁）

旧い授業法	新しい授業法
○子どもは、他人（教科書）が主張していることを真理であると了解する。	○子どもは、他人の主張を了解するのではない。真理だと認めねばならないものを自分で探し出し発見する。
○教師は、教え、伝える人として現れる。	○教師は、真理を共に探究する友だちである。だから教師の指導は、生徒に気づかれてはならない。

わたしの研究仲間の教師が行った「ごんぎつね」や「チューリップにも種はできるのか」の授業は、子どもたちには、ここで、ディンターが言っていること、つまり、「教師は、真理を共に探究する友だち」と映ったであろう。そう映るぐらい教師の指導性は隠されているし、教師も子どもたちと協働しながら授業を創りだしている。

例示してきた宮崎の授業の場合も同じであることは、明らかであろう。宮崎が子どもと「共にに生きようとする」授業をしているとき、子どもには宮崎に指導してもらっているとは映らないことは、いまさら言うまでもない。宮崎が身につけたような子どもと「共に生きようとする」授業づくりは、こうして、本章で抽出してきた、

A　何でも言える教室の雰囲気

B　「生活台」に寄りそう教師

C　教材解釈の深さ・柔軟さ

D　周辺部の子へのまなざし＝教材のつくり直し

の条件をクリアーしていく努力の中で可能となる、という道が見えてきた。

学習集団の授業づくりとは、どの教師でも、その気になって精進すれば、そしてその精進の姿が子どもたちにも通じていけば、子どもたちが助けてくれる授業づくり、まさに教師が子どもたちと協働することによって初めて創りだせる授業づくりなのである。

しかもこの協働の輪が、同僚の教師、大学人を含んだ研究仲間、サークルへと開かれていることも忘れてはなるまい。

第三章

人間づくりの授業研究

一　生活綴方教師の授業づくり

1　授業研究再開

宮崎典男は、一九五三年土湯小学校で教職に復帰し、そこで学級担任として授業ができるようになった翌一九五四年頃から、自分の国語の授業実践記録をとり始める。よほど心に秘するものがあったに違いない。

これは、時期的に見て、宮崎が大学人を呼び込んだ授業研究運動が、わが国に巻き起こるきっかけを創っていく一人になることを予想させてくれる。大学人と協働して授業研究をしていく必要性を、宮崎自身、つぎのように強調している。

今後は、どのような目標を、どのような順序で、どのように働きかけたか、そこからどのような反応が生まれたか、これらはどのように組織され、どのような結果が生みだされたのか。それらのことが、指導の全過程にわたって記録され、研究者と実践家が集団で検討することが必要である。

（宮崎『読み方指導・その指導過程をめぐって』麦書房、一九七五年、一二二頁）

ここでいう研究者は、もちろん、大学人。なお、宮崎は戦前から教育科学研究運動にかかわっている。彼の場合、大学人との協働は、戦前から始まっていた。

戦後のわが国の授業研究は、こうした戦前からの生活綴方教師たちが、戦後身を切られるような真摯な吟味・反省・苦悶の末に、ようやく再開した授業実践が大きな土台になっている。いや、苦悶の末、すっきりした気持ちになってという心境ではなかったであろう。苦悶しつつ実践を続けていくしかない毎日であった、というのが現実ではなかったろうか。

これは、宮崎一人ではない。兵庫県の東井義雄も、同じ心境を経験している。東井は、先にも触れたように、宮崎と同じ一九三五（昭和一〇）年に教師になる。そして、東井が名著『村を育てる学力』（明治図書）を出版したのが、宮崎の『人間づくりの学級記録』と同じ一九五七年。さらにその上、この二著に序を寄せたのが、同一人物国分一太郎。『村を育てる学力』の序の一部を紹介しておこう。

私が東井義雄さんを知ったのは、たしか昭和十年前後であった。（略）『綴方生活』『生活学校』『教育・国語教育』『工程』などの誌上で、その名を知り、よく勉強する人だなあと、いつも思っていた。私たちが北方性教育運動をとなえたとき、西の方からいち早く賛意を示してくれた人のなかに東井さんもいたような気がする。昭和十一年秋の『教育・国語教育』に私が「教壇的批評と文壇的批評」という小論を書いたときにも、何かの雑誌で、東井さんはいい論文だといってくれた。生活綴方運動や教育科学運動が活ぱつになり、その人物地図などが話題に出ると「兵庫では東井」と、きまって指におられるのが東井さんであった。（略）

昭和十八年暮れ、（綴方事件で収監された―引用者）牢から出た私は、（略）東井さんの「臣民の感覚」という論文（を見た。そこには―引用者）子どもが書いた紀元二千六百年史の文章の一部が引用されていた。（略）

太平洋戦争後、しばらくして生活綴方運動が復活した。それらの人びと（＝小西健二郎等兵庫の生活綴方教師―引用者）とあうたび、私は東井さんの消息をたずねた。「いますよ。山のなかでじっくりやっていますよ。いろいろ教えてもらっています。でも、まだ外へ出るようなことはしません」それをきくたび、私はまだ会ったことのないまじめな東井さんの顔をおもいうかべて、新しい出発のために、心をととのえているその人のくるしみを察した。同時に戦争中の責任などをハッキリさせることなく、外側につき出ている自分の軽薄さを恥じる思いが募るのだった。
この本のゲラ刷を見せてもらって、私はいっぺんにうれしくなった。いよいよ東井さんは外へ出てきはじめたのだ。十二年間のくるしみと反省は、まったく長かった。そのあらわれであろう。この本には、おのれにきびしい東井さんがいたるところにあらわれている。（略）
そこで東井さん。私もあなたも弱かったのだ。弱いものはあやまりやすいのだ。しかし、あやまりだったと知ったとき、教師たるものが悔い改める道はどこにあろう。いま目の前にいる子どもに正しく新しく奉仕する以外に、ほかの道はないのではないか。あなたのこの本は、そのことを示して、おたがいにあやまった時期をもつ私たちに大きなはげましを送ってくれる。いや、それをのりこえて、わかい人たちにも自信を与えていてくれる。

少し長くなったが、ここには、教え子を戦場に送った責任を身体で引き受けてなおかつ教師をやり続けた生活綴方教師たちの苦悩が表されている。国分は、この序で自らの心境も語っている。しかも、戦前から北方性生活綴方運動をリードしてきた国分を、宮崎や東井等は、戦前から先輩教師として、同志として共に尊敬し、慕っている、という関係が窺えよう。

ここから、北方性生活綴方運動のネットワークの大きさが、その絆の太さが、見えてくる。この「北方性」という冠は、東北地方という一地域を意味するものではないことは、いうまでもない。

2　盛り上がりのある授業

話を元へ戻そう。宮崎が、これらの実践記録を集大成して一九五七年に出版したのが、処女作『人間づくりの学級記録』。その第二弾が、『読み方教育入門』で、本書は前著より大きく授業記録に軸足を移している。

この第二弾の基になった藤田小学校（現福島県伊達市国見町）へ転勤し、二年生を受け持った宮崎が、まず戸惑ったのは、児童数四七名という学級人数の多さではない——土湯小では児童数九名。そうではなくて、学級集団づくりがほとんどなされておらず——昨年度末の卒業式・終業式でケンカをするは流行歌「お富さん」を歌いだすはという問題学級——、子どもの心が授業での学習に対しても拓かれていない、という現実であった。

受け持ち当初、多くの子どもがたどり読みしかできなかった学級を三年生も持ち上がり、基礎的なところから国語力をつけようと考えていた宮崎が、文中の「符号」に注目しながら読み取っていく授業で、つぎのような場面が記されている。少し長くなるが、彼特有の授業の雰囲気を浮き彫りにすることも兼ねて、引用しておこう［『読み方教育入門』（麦書房、一九五九年）、なお引用者が若干省略・修正］。

「ねえ、おかあさん、あの山の向こうには何があるの」
きんちゃんは聞きました。ずっとまえから聞こう聞こうと思っていたのです。
「山の向こう……」①
お母さんは遠くの山をじっと見て、
「山の向こうにはね、お日さまのねどこがあるのですよ」②
といいました。（①②は引用者）

教　それでは、この「山の向こう」のあとについている「……」はなんでしょう（「山の向こう……」を指して）。

――のばすところです（「まってて―」など習っているのでそれと混同した発言）（「ちがう、ちがう」という声。がやがやとなる）。

教　では、「山の向こう――」ですか。
――ちがう、ちがう（それを包む笑い声）。
教　ちがうね、それでは？
――すぐ、答えないで、切ったから。
――間がある。
教　どこと、どこの間なの。（子どもたちは、①と②の間を指す）
教　では、なぜ、間があるの。
――考えていたのだ。
教　そうだな。この「……」は、どう答えようかと、考えていたところだね。
（その後、宮崎は、この教材には、以下のように（　）もある。それを「　」と対比しながら、その相互の役割をはっきり理解①させようとして、つぎの個所を板書）

夕やけ小やけです。
きんちゃんは　まどから　見ていました。
（去年の　正月に　糸を　切って　飛んで　行った　たこは　どうなったのか

しら。あの山の方へ　飛んで　行ったのだがなあ……）

と　思いながら　見て　いました。

（教師も子どもたちも書く。そして、幾回か読む）

教　さあ、ここには、今まで出てこなかった印があるね。どれですか。そうですね。この印は初めてですね。（教師は（　）を指して、さらに）

教　では、この（　）はなんですか。（四、五本の手がすぐにあがる）

――思ったところです。

教　どこで、わかるの。

――「と思いながら見ていました。」とあります。

教　なるほど、そうだな。みんな賛成か。

（このごろは、下手に賛成すると教師から反撃されるのを恐れて②、子どもたちはあやふやな顔をしている）（略。その後、つぎの文が書いてあるページを見よと指示）

きんちゃんは　はじめて　地図を　見る　ことを　おぼえました。楽しい

地図を　見て　いると、（略）　あの　山へ　登り、この川を　わたり、（略）
あそこへも　ここへも　行って　みたいと　思いました。
大きく　なったら　きっと　行こうと　思いました。（傾体—引用者）

（二か所の「思いました」に、特に念を入れて読む。）

教　これは、どうしたことなの。

——　思ったこと。

教　だれが。

——　きんちゃん。

教　そうでしょう。きんちゃんの思ったところですね。だが、（　）はついていませんね。だから、（　）は、ただ「思ったところ」では、ないんだな！

——　うだ（＝そうだ—引用者）と思った。（一斉に笑い声）

教　では、なんなんだ。

——　わけ、いわねんだ。（また、笑い声は爆発する）

教　降参か③。

――まだ、まだ④。

教　では、先生が読んでやるかな。

（教師が、板書したところを、できるだけ、表情をつけて読んでやる。だが、宮本、潔、秋男、英世等の第一戦の勇士も、今は、首をかしげているだけ）

教　降参か③。

（子どもたちは、それに応えようともしないで、友達の顔をかえりみたり、首をかしげながらぶつぶつ読んでみたり。私も、あきらめようとした。その時）

――はいっ。

（決心を固めたというような、強い声。考七の手がまっすぐに上がる）

――それは、いったところです。（一斉に笑い声）

教（　）なんだぞ。考七君。（「そうだ、ちがう」という声や、笑い声）

（考七は、赤い顔をして腰をおろしてしまう。だが、考七が答えて、教室内が笑い声でざわめいていた時、「あ、そうだ」と、素早く目を光らせながら、上がった手が三本ばかりあった。ざわめきのしずまるのを待っていう）

教　そうだ。考七君の答は、残念ながら違った。これはいったことではない。いったところは「　」だ。だが、考七君にいわれてみると、「ああ、そうだ」と気付く人があるにちがいない。考七君の答えは、まちがっていたが、みんなに、とても役立つ答えだと思う⑤。どうだ。だれか分かる人。

（手は、六本あがった。「宮本君」と指すと）

——それは思ったところなのですが、いったように思ったところです。

（英世の答えも、およそ同じ。私は、まだ、どうもはっきりしないところがあるので、まだ首をかしげている）

——はいっ。

（また、考七の手があがる。指名すると、考七は、はっきりした声で答えた）

——心でいったところ。

教　当たった！

（だが、私が、そういおうとする前に拍手が始まっていた。私は、呆れた顔で考七の顔に視線を送ったままで動かない。拍手は、津波のように教室中に充満していく。そうだ。「当たった！」のだ。考七はせいぜい、中の下という位置の子ども。しかも、その子は、今日のこの授業では第一番の役割を果たし、第一番の成果を収めた。）

——考七ちゃんの顔を見ろ！⑥（博光は、考七を指さしている。だが、博光

に指さされるまでもなく、拍手をやめない子どもたちの目は、考七の上気した
　顔に吸い寄せられていた）

この授業の圧巻は、考七が最後に発言した「心でいったところ」↓「あたった」↓教室に津波のような拍手↓教師よりも先に「考七ちゃんの顔を見ろ」と博光が指さす↓いや、それよりも先に拍手しながら考七の顔に吸い寄せられていく子どもたちの目線、である。

授業へのこれだけの集中力、クラス全員で学習しているという子どもたちのこの「やる気」に、わたしは、最も惹かれる。

先の引用でも明らかなように、宮崎の授業は、とびきり上手とは思われない。バシッと発問が極まっているというわけでもない。授業の神様といわれた斎藤喜博のようなカリスマ性もない。

だのになぜ、宮崎学級の子どもたちはこんなに授業に集中するのか。しかも、明るく、さわやかに。子どもたちが授業に集中していくこのモラルの高さは、一体どこから出てくるのか。彼が担任になる一年前は、学級崩壊寸前の状況であったのに、ここまで授業に集中できる子どもたちへと育て上げた秘訣は何なのか。

この辺のところを、本章では少し詳しく検討してみたい。

3　埋め込まれた仕かけ

結論を先にいえば、つぎの二点になる。

i　宮崎の普段からの生活綴方的教育方法での指導―学級集団づくり―のたまもの、

ii　授業記録をとり、仲間やサークルでの協働の授業研究のたまもの、

ここでは、主としてiiの授業研究の方を見ていきたい。

先の引用でいえば、傍線②の「下手に賛成すると教師から反撃されるのを恐れて」から推測されるように、宮崎の授業では、普段から、「分かった」と思っていわゆるよくできる子が「正答」を発言すると「それは、違う!」と教師が反撃する。

この反撃は、普段学習があまり芳しくないと思われている、そして自分でもそう思い込んでいる子に「君も発言できるよ。勇気を出して発言しようよ」→そうすれば教師であるわたしが必ず「拾い上げる」から安心して発言しようよ、という教師からの温かいまなざし(=サイン)になっている。この反撃には、ここまでの意味が込めら

れている宮崎からの温かいサインであることを、子どもたちは、身体で十分に納得している。この部分は、もう生活綴方的教育方法の核心と重なる。

子どもたちには、この授業では何を言ってもいい、という宮崎への信頼感が既にできている。これは、授業途中で友達の発言に対して期せずして起こる朗らかな笑いからも推察できよう。この笑いは、授業の進行を邪魔するだらけた笑いではないことは言うまでもない。

毎日の授業で、このような反撃によるささやかなドラマが、たとえごく小さいものであれ、生じることを狙って、宮崎はこの種の反撃を意図的に打ちこんでいたのであろう。これが第一の仕かけ。

第二の仕かけは、傍線①のこの文には、（　）と「　」がある、とどの子にも分かるし、イメージ化できる手がかりを教師が事前に見定めておいて、それを最もタイミングのよいところで子どもたちに提示していることである。国語科の科学的な指導法――とりわけ小学校低学年段階から――を確立するために、教科研国語部会の実質的リーダーとして言語学、国語学、解釈学等の基礎学問の知識を吸収することにも余念のなかった宮崎は、こうして吸収した知識を日々の授業の中で試行し、成功すればそれをみんなで共有化していこうと努力している。これが、彼の授業研究を特色づけるもう一つの側面。

このような仕かけ、つまり、どの子もアクセスできる手がかりを教師の方から積極的に提示しながら、気になる君も発言できるよという場面を、毎時間つくりだそうと努力している。この教師の地道な努力があって初めて、先の教師からの反撃も有効に機能する、とわたしは考えている。

昨日までモノ言わなかった子どもが、授業中に教師が一つや二つの手がかりを提示するだけで、急に発言できるようになるわけがない、ということを宮崎は痛いほど知っていたのであろう。このことを承知の上で、だからこそ、なおのこと丁寧に、より辛抱強く、気になる子どもたちの眼を見ながら、宮崎は、語りかけ続けたにちがいない。

極端に言えば、この第二の仕かけが先の第一の仕かけに先行する、という原則が重要。どの子どもでも考えられる手がかりを教師の方から先に提示していく、という授業原則である。そして、その手がかりに対する子どもたちの発言がたとえまちがっていようとも、教師がそれを正面から受け止め、値打ちづける、というパホーマンスである。これを端的に示す例が、傍線②。

宮崎は、「ちがう」と笑われた考七の発言を、一度懐深く受け止めている。しかも、このまちがった発言でハット気付いた子どもがいるか否か、すかさず観察している。この機敏な対応、子どもを見る眼の確かさも、宮崎の得意とするところ。

この種の授業原則とパホーマンスは、四〇年近く多くの学校の先生方やサークルで協働して学習集団の授業づくりをしてきたわたしにも、素直に納得できる点である。第三の仕かけは、「教師の方からの「降参か」⇕子どもからの「まだ、まだ」というねばり」強いやり取りで、授業展開をダイナミック化していることである。この「「降参か」⇕「まだ、まだ」」のやり取りを、「第二の仕かけ⇓第一の仕かけ」を土台にして具体化していくのが、宮崎の授業の特色。

宮崎は、「降参か」と子どもに提起するハードルの程よい高さを心得ていたものと思われる。子どもたちにとって高すぎもせず、低すぎもしないというハードルの「ころあい」を見極めることに、宮崎は長けていたのであろう。この点について、彼はつぎのように述べている。

らくなものはおもしろい、むずかしいものはおもしろくないなどとはけっしていえないことなのです。したがって、教材の配列や選択などにもそのことは関係してきます。文学作品が選択される基準には、(一)作品の芸術性　(二)

作品のもつ現実性と認識論的価値が問われねばなりませんが、また（三）児童の近づきやすさということも問題になります。だが、その「近づきやすさ」とは、その教材がつねに児童の一歩前に存在しているということです。子どもに与えられる教材は、けっして「なまやさしいもの」であってはならないし、かけはなれたものであってもならないのです（宮崎『読むよろこびのとき』きた出版、一九八二年、六―七頁）。

この（三）の「近づきやすさ」が、子どもの「一歩前」が、「降参か」と子どもたちを挑発するハードルのほどよい高さである。ソビエトの文学教育論を勉強していた宮崎は、ヴィゴツキーの「発達の最近接領域」論をおそらく知っていたにちがいない。子どもが意気込んでジャンプしようとする「一歩前」がポイント。

それに、毎日の授業で、このように［「降参か」⇔「まだ、まだ」］のやり取りができるようになるまでには、これまた、日々の宮崎の生活綴方的教育方法が授業の内外を通して貫徹されて機能した結果、であることは言うまでもない。

担任になって直ぐ取り組み始めた彼の子どもたちへの温かいまなざし、語りかけが、一年以上たった今、こういう形で顕れてきたのだ。

4　平凡の中に隠された非凡

授業でモノ言わなかった子どもたちが、「おれほんとうのことをいう！」という形で発言し出すプロセスを踏んだ後に初めて顕れてくる現象。この辺の模様を、宮崎は、つぎのように述べている。

たとえば、「おれ、ほんとうのことをいう！」といったのは、三年生のゆう子でした。それはいうまでもなく、ゆう子という一人の成長を物語るものですし、そのような個人の成長が期待されるわけです。だが、半面からいえば、学級という集団そのものが、このコトバを生み出すまでに成長していたのだという事実をもあらわしていると思いますし、さらにいえば、このような集団がなければ、ゆう子のコトバそのものも存在しなかったといえるわけです。

（『人間づくりの学級記録』、二〇〇頁）

このような本当に地道な日々の学級集団づくりの結果として、集団が鍛えられ、子どもたち一人ひとりも成長していく。集団と個々の子どもの成長は相互に支えあって初めて実現するということを、宮崎の実践はわたしたちに示してくれる。その最強の戦略が、宮崎の場合、生活場面で、そして授業場面でも、子どもたちに生活綴方で本音を書かせていく、という仕事であった。

第四の仕かけは、子どもたちに「……」という符号を「—」と、また（　）と「　」とを比較させることで、より明確に分からせる、というきめの細かさである。その結果として、考七の「心でいったところ」という見事な考えが引き出されている。

このように、符号も含めた言葉に対する宮崎自身のこだわりが、彼の信条であり、このこだわりを、彼は、子どもたちに生活綴方を書かせるという仕事を与えることで達成している。ここにも、彼の授業の土台づくりの特徴がある。

わたしは、最初に、宮崎の授業はとびきり上手ではない、と断定したが、実はその奥にはこのような仕かけが埋め込まれていた。この彼の授業展開に関する用意周到さが、一つの、きらりと光る、バシッと極まる発問がなくても、先のような授業を可能にしている隠された要因ではないか。

わたし自身、今まで発問研究に軸足を置いてきた関係上、つい発問に目がいってしまっていた。今回、宮崎の授業記録を精査し直してみて、「目からうろこ」という発見に、今さわやかな喜びを感じている。

このような心境になり、戦前からの生活綴方教師吉田六太郎が書いた『人間づくりの学級記録』の書評を読んで、この心境が、わたし一人でないことが分かった。

吉田は、一九六五年に全国授業研究協議会（＝全授研）の第一回大会を引きうけた杜陵小学校（盛岡市）の校長。この大会に、全授研事務局長の砂沢喜代次は、世界に授業研究運動を広めたリーダーの一人であるポーランドのオコンを招待した。オコンは、吉田が指導した杜陵小の授業を参観して、討論している子どもたちの発言のセンテンスの長さに驚いている。その吉田が、かつて宮崎のこの処女作を書評した中に、つぎのような文言がある（『教育』№七四、一九五七年、七四―七五頁）。

ここには、わたしたちの教室の中でも、ごくあたりまえにあることや、だれでもが経験する平凡なことがらを、実にそのまま―それはほんとうに自分の教室のことではないかとおどろくほど―うつしだされている。そこには『山びこ学校』や『村の一年生』あるいは、『学級革命』などにさえみられなかった心やすさと身近さがあり、機知とユーモアの中に、起伏はげしい毎日の生活がえがきだされている。だからこそ、この著書が、多くの人たちに継承され、胸におちる説得力を持つのであろう。

（略）

何人かのすぐれた人にしかできないすぐれた実践は、それは、それとして意味があるし、高い価値をもっていよう。しかし、だからといって、それらの実践は、宮崎さんの「あたりまえのねがい」を否定するものではあるまい。いや、わたしのいいたいことは、何人かの人だけがなしえる実践よりも、あたりまえの多くの教師に自信と勇気を与える実践が、より非凡なものではないかということである。

わたしが、還暦を過ぎてから、宮崎典男をもう一度検討してみたい、と思うようになった理由も、まさに、吉田のこの書評と同じ想いからである。吉田の言葉を借りれば、「当たり前の多くの教師に自信と勇気を与える」ところは、具体的にはどこなのか、それはなぜなのか、をあぶりだすことである。

5　教科研の授業研究

今、わたしが小学校の教員養成をミッションとする学部の学部長を任され、教師志望の学生に教育方法学や教職論を教えるようになって、この想いはさらに強くなっている。これが、本書の、とりわけ本章の課題でもある。

この点にもう少し、こだわってみよう。さいわい、この作業を可能にしてくれる格好の資料がある。

その一つが、宮崎を授業者として教科研の教授学部会と国語部会が合同で開いた授業研究会の記録。この授業研究会は、宮崎が、一九六六年一〇月八日に、船岡小学校（現宮城県柴田町）で担任をしていた三年生を相手に行った国語の授業。事後の研究会には、当時東京大学の大田堯氏、宮城教育大学の稲垣忠彦氏、教科研教授学部会の斎藤喜博等が参加し、教科研常任委員の柴田義松氏が司会をするという豪華版であり、それを、教科研の機関誌『教育』（No.二〇三、一九六六年）が、「読み方授業の研究」という形で特集を組んだ。

当時、北大、東大、名古屋大、神戸大、広島大の五大学の教育学者がリードする形で始まった授業研究運動（＝全授研・砂沢喜代次事務局長）が頂点に向かっていたころ、わが国には、もう一方で、斎藤喜博の授業づくり・学校づくりに惹きつけられていった教科研の人たちによる授業研究も最盛期を迎えていた。その一つの頂点的事業が宮崎を授業者とするこの授業研究会ではなかったか、とわたしは位置づけている。

『教育』のこの特集は、Ⅰ　授業を生み出すもの、Ⅱ　教材研究、Ⅲ　授業記録、

Ⅳ　共同研究、Ｖ　授業を終えて、という五章立。

事後の研究会（Ⅳ　共同研究）で、斎藤は、つぎのような感想を述べている（九二―九三頁）。

きょうの授業を見せてもらっての子どもの印象なんですが、ひじょうに明るくてかわいい子で、しなやかな子だと強く感じたんです。しなやかってことは血管があいていて、強靱でありながらあらゆるものがゆたかにはいっている。ゆたかに入れていけるしなやかさ……ぼくはひじょうに子どもがいいと思いましたよ。

もう一つ、ひじょうにあまったれ子で、安心しきっていて、あたたかい感じであまえている。一つひとつの発言したあとの顔なんか見ているととってもかわいいんですね。あれはふだんの教育、授業のかけがえのないよさがあるからで、今日の授業をどうこうという問題をぬきにして、やはり毎日毎日の積み上げ……ぼくなんかがねがっている教育とはああいうものだということを強く感じました。（略）

ちょっと（子どもの―引用者）頭をさわってやりたいような感じでしたね。

ぼくは教育とはそういうものだと思う。授業研究だ、なんだかんだと文句をいれたりするけれども、教育としてはなにもいうことはないんだ。……教育ってなにかそういうばかげたところがあるようです。ひじょうに子どもには好感もちました。子どもの顔を見ているだけで、たのしかったですね。後半はひじょうに子どもが疲れちゃって、あくびをしてるのもいる。鉛筆をいじっているのもいるんですけどね（笑）。それがちっとも退廃にならない。（略）

ああいういい教育、いい子どもには感動しましたね。一番強くうたれたところですね。

このように、斎藤は、宮崎の授業をべた褒めしている。授業の内容にかかわって注文をつけるよりも前に、宮崎の日々の授業づくりに感動している。授業研究云々という前に、「教育としてはなにもいうことはないんだ……教育ってなにかそういうばかげたところがあるようです」という評価は印象的。

子どもが疲れて授業への集中力が切れても「それがちっとも退廃にならない」という評価こそ、宮崎の魅力であろう。もちろん、これは、斎藤喜博だからできた評価、まさに授業の神様といわれた斎藤だからこそできた「言いえて妙なる」表現である。

「なにかそういったばかげたところがある」教育に、全身全霊でぶつかり、そこに教師としての喜びを感じていたのが宮崎。かつて吉田が、『人間づくりの学級記録』で言った平凡の中に非凡さがある、という書評もこの辺のことを指しているのであろう。

斎藤が言う「しなやか」で「血管があいていて」「強靱でありながら」「あらゆるものをゆたかに入れていけるしなやかさ」、さらには「ひじょうにあまったれ子」で「安心しきって、あたたかい感じであまえている」という評を、わたしなりに補足しておくと、以下のようになろう。

これは、大田氏が先の斎藤の評の後すぐに「ぼくらの接している子とはひじょうにちがう。住宅街の本だけでものをいうような、ぼくらの近くにいる子とはちがいますね」と評価したことと結びつければ、よりはっきりしてくる。

斎藤も大田氏も、授業中に教師と子どもたちの間で交わされる言葉の重さに感心している。それが、「血管があいていて、強靱でありながら、あらゆるものをゆたかに入れていけるしなやかさ」である。宮崎は、教科書に書いてあること、仲間が発言したこと、教師が説明したことを、そのまま何も考えずに無批判的に受け入れていくこと、ただ単に記憶し暗記していくことだけを、子どもたちに望んでいない。

それらの言葉を、常に自分の今までの生活、今のわが家の生活、自分たちが今住んでいる地域の生活をくぐらせて、吟味していく仕事を授業の内でも外でも貫いていくことを要求していた。こうして吟味した結果を、前節で触れたように「おら、本当のことをいう」と決意して発言していくことを、宮崎は、たゆまず子どもたちに要求していた。

6 コトバが重い

だから、子どもたちが発する言葉はいっそう重みを増す。自分にたぐり寄せて吟味した結果として、分からなくなって「わたしには、分かりません」と発言するのだから、この「分かりません」には重みがある。

無着成恭等生活綴方教師たちがやったように、教科書には、「戦後の日本は、農業も機械化されずいぶん楽になりました」と書いてあるが、本当にそうなのだろうか。わたしの家では、借金をして新たに耕運機を購入したため、その借金を返すために今年の冬もまた父親は出稼ぎに行かねばならない、生活の苦しさは、少しも以前と変わっていない。ここまで考えを巡らせた子どもが、教科書に書いてある「戦後農村もずいぶん楽になりました」ということは「分からない」と叫ぶ。「おら、本当のことをいう」と発言しだす。

この種の「分からない」は、生活綴方教師がやったいわゆる「生活台」をくぐらせた「分からない」であるがゆえに、重い。

仲間の子どもたちも「それは、わたしの家でも同じだ」と身体全体で共感できるから、重い。

教師である宮崎が、その言葉に込められている本質に共感できるがゆえに、重いのである。

このようにして、宮崎は、子どもたちが発するコトバの重さを、いつも真正面から真摯に受け止めている。そのことを、子どもたちが身体で知っている結果として、「あたたかく甘える」こともできた。

宮崎は、こうした「教育のなにかばかげたところ」に命を懸けた教師。教材研究も一生懸命しているが、後述するように、それは斎藤から見れば、まだまだ足りないといわれようと、この「教育のなにかばかげたところ」を切り捨てることができなかった、というのが宮崎の教師魂。

これらのことが、宮崎は、授業においても子どもと「共に生きよう」としたのだ、ということを証明する一つの根拠、とわたしは考えている。

もう一つ、斎藤の評をあげておこう。この授業展開はダメだったが、「一つの学級の集団のなかにいるよろこび、安定感がある。まえに宮崎先生が立っている。宮崎先生にふれているたのしさ、よろこびがある。だから、二番目にいた男の子なんかみんなからやられているわけですが、頭かいてたのしそうに笑う。てれもしなければいやなはにかみもしない。この集団のなかにいる、この教室のなかにいるよろこび」と評している。

それに対して、宮崎は、「学級づくりといってもとくべつなにもしていないのですが、文学作品を扱うときは、とくべつ優秀でない子がうんといい答えをだしてくれ、それで子どもたちがずんずん自信をもって話すようになってきて、いくらか変わってきている。テストでいい子は、きょうなどもぜんぜん発言しないし、あるいは参考書で見てきたことをただいう。」と返答している（同誌、九四頁）。

ここからも、宮崎学級の授業の雰囲気が分かろう。文学作品を扱うときは、「とくべつ優秀でない子がうんといい答をしてくれる」のが、宮崎学級の授業の特色であり、わたしが最も惹かれるところ。

斎藤は、この授業を「一般的にいうと、ていねいで明せきな授業でした」しかし「発見、創造がない。子どもの思考、創造、相互交流がない。きょうの授業の場合でも異質なものとの衝突がない。」と手厳しく批判もしている。

大田氏も「島小の授業でぼくに印象がのこったのは、子どもと子どもの中で対立が起こり、授業のかっとうがあったということですね。」と斎藤に同調している。

これらの指摘に対して、宮崎は、「斎藤さんからもするどい指摘がありましたが、教材を十分検討しなかったことはわたしたちの怠慢でした。」と反省して、つぎのように結論付けている。


私が、この授業から、最終的につかみとった教訓は、教授学的にも、私の授業が否定されなければならなかった原因が、私のコトバに対する無理解にあって、それ以外の何ものでもありはしなかったということを身にしみて感じさせられた点でありました。

(同誌、一〇〇頁)


宮崎はここまで自虐的にならなくてもよいのに、とさえわたしには思える。が、それでも、この反省を彼は、ある小学校の先生がやったように睡眠時間を削ってでも独りで克服しようと、太ももの上に錐を当てながら、夜遅くまで教材研究に没頭するという方向一本やりでは精進しない。

そうではなくて、一人ひとりの子どもが「おれ本当のことをいう」と発言してくれるような授業の雰囲気を創りだし、子どもたちの発言を正面から受け止め、それを丁寧に拾い上げて教師と子どもが協働して文章を読みとっていく仕事を深めていった。この方向にエネルギーを注いだのが、宮崎の授業研究である。

だから普通の平凡な教師にも、それならわたしにもできそう、頑張ってみよう、という勇気を与えたのではなかろうか。これが、平凡の中の非凡さではなかろうか。

二　人間づくりの授業実践

1　長丁場の授業研究

宮崎は、授業の中で、今A子は○○と言いたがっている、B男は△△と思っているのではないか、ということを摑むことに長けていた。このことが、発問が特別にうまくなくても、子どもが授業に集中し、子どもたちの間に「衝突」が生じるような奥の深い集団思考が組織できた理由ではなかろうか。

斎藤に指摘されるまでもなく、宮崎も「衝突」のある集団思考を組織しようと努めている。教師にバシッと極まる「ゆさぶり」をする力がなくても、子どもたちの間に

「衝突」を起こし、創造的な思考活動を引き起こすような授業を、宮崎は実現している。

ところで、このことが、なぜ宮崎に可能であったのか、その理由を解明することを助けてくれるもう一つの資料がある。それが、宮崎『読むよろこびのとき』（きた出版、一九八二年）である。以下、本節で本書からの引用する場合は、（　）で頁数だけ記す。

本書は、宮崎が船岡小学校で珍しく六年生まで持ち上がった子どもたちを相手に、一九七一年の四月一二日から七月五日まで続けられた国語の授業記録を集大成したもの。

教材は、幸田文の「あか」。子どもたちは、四年の三学期にやった「ごんぎつね」で、光雄が「お昼がすぎると」のところで、「お昼がすぎるとでしょう、お昼がすぎてとはちがう」と発言し、それをきっかけに教室中が沸きかえった授業を経験しているクラス。国語で言えば、子どもたちは、その後、「モチモチの木」「井戸」「たわしのみそ汁」「残雪」等をやっている。

「あか」の授業は、導入に二時限、一次読みに三九時限、二次読みに八時限が費やされ、合計四九時限という長丁場。しかも、その多くが、教科研国語部会や教科研宮城県国語サークルのメンバーによって授業記録としてプリントされ、子どもたちはほとんど毎日、国語授業日記を書いている。

本書は、このようにして作成された授業記録と子どもたちの国語日記という一次資料でもって構成されている。授業日記を基にした授業研究。しかも、生活綴方で鍛えられた子どもたちが本音で書いた授業日記を基にして構想され、展開された授業研究は、貴重。

四月一二日の最初の授業は、作者幸田文についての説明と、「あか」の範読で終わる。一人の子どもは、日記につぎのように書いている。

先生になるとことしもやるなあというよそうはついていた。こんどの『あか』は前のよりずっと長いのでみんなで調べていたら一年かかるといっている。宮崎先生の組では毎年　べんきょうを　よその先生にきてみてもらう。それもたくさんの人で　ぼくはいちばんうしろなのではずかしい。それに先生はNHKでろくがにくるといっていた。さいしょはうそだと思っていたが、先生の顔をみているとなんだかうそではないように見えました。うしろにいるだけではずかしいのに　もっとはずかしいと思います。

（二七頁）

この日記からも、宮崎は毎年授業研究をやっており、そこに全国から多くの参観者が集まること、とくに今年は、ＮＨＫが録画に来ることも予定されていたことが分かる。子どもたちは、多くの参観者に見られている前で学習することに恥ずかしさを感じていて、大学附属学校の子どものように研究会慣れしていないところなどは、微笑ましい。

それに、「先生になるとこともやるなあとよそうはついていた」というように、宮崎に担任してもらうこと、そして授業で鍛えてもらうこと、を期待しながら待っている子どもたちの姿も伝わってくる。日記の書き手は、とびきりよくできる子ではないことも想像できる。

普通の子が、今年も宮崎に担任してもらうことを、そして、彼と一緒に行う国語の授業を楽しみにしていることが、分かろう。

翌日は、この作品では、事件の起きる季節の移り変わりが、植物の開花・結実等に結びつけて叙述されているので、出てくる植物について、図や写真を提示し、東京での開花期等を一つひとつ教えていく、という丁寧さが目につく。宮城県ではなく、東京での花の開花を教えていることにも、彼のこまやかさが窺える。これも、宮崎の授業の特色。

2　仲間を「下」に見る

四月二〇日、一次読みの五時限目の授業に、ＮＨＫが録画に来る。この日は、当時宮城教育大の横須賀薫氏と岩浅農也氏も参観している。

宮崎が、「みんなおちついて　しっかりやれよ」と子どもたちに言うと「先生こそ、あがってんでね」と逆にやられているところからも、宮崎学級の雰囲気が伝わってくる。この日の読み取りの一部は、つぎのところ。

　ぎりっと巻いたしっぽに、おしりがまるだし、あんまりお行儀のいい恰好じゃない。人を見るとすぐ逃げじたくをするのは、のら公の証拠である。

お行儀とそれに関連してのら公が問題になった。のら公について教師が「だから、けいべつしている、ばかにしているというよりは、これらのことばは　したしみをあらわしているんですね。のら犬より、のら公のほうがしたしみがあるね」と語りかけると、今までしゃべったこともない岩崎が、また、起立して話し始める。

ア子ちゃんや一郎さんが、赤い犬にしたたしみをもったことは先のところでもわかります。一郎さんが「ア子ちゃん、起きてる?」なんて　あわてて教えているのは　したしみの気持ちをもっているからです。もし　なにも思っていなければ走っていって教えることもないし、「またきいてきておしえてあげるよ!」なんて　こうふんしていう必要もないからです。もう　ア子ちゃんも　一郎さんも、赤い犬についてしたしみもっていることがわかります。(賛成の声)

T　そうだね!一郎さんが赤い犬がにくらしいなら　こんなにあわてる必要がないね。また　ア子ちゃんが赤い犬をなんとも思っていなかったら、一郎さんはおしえにいかなかったでしょう。ア子ちゃんが心配しているから一郎さんは知らせにいったのですね(五九頁)。

この授業の終りに、教師が「いつもはだまっているが、きょう　すばらしい読みをして　みんなの役に立った人があるね」と言うと、みんな岩崎を指さし、拍手をおくる。しかし、この日の日記に、ある子はつぎのように書いている。

岩崎君が答えようとしたとき、私は「まちがえる！」とおもった。でも、岩崎君が答えた後に先生が「そうですね」といった。岩崎君にしては大変なことだなぁと思った。今後、きょうの岩崎君をもはんにしてがんばっていきたい。

（六二頁）

宮崎が三年かけて教えてきた子どもたちが、この日のヒーロー岩崎に拍手を送る。本書で、再々触れてきた宮崎が得意とする光景。「いつもだまっている」岩崎が、あれだけの長いセンテンスで発言している。その長さは、普通の学級の授業なら、優秀な子どもの発言に匹敵しよう。宮崎学級の底力が窺える。

これは、彼一人ではなく、多くの北方性綴方教師達がもっていた教育力・授業力である。戦前から、宮崎を先輩教師として尊敬していた吉田六太郎は、この少し前から、杜陵小（盛岡市）で学校挙げての授業研究に取り組み、先にも触れたように、それをオコンが参観して、子どもたちの発言のセンテンスの長さに驚いた、というハイレベルの授業である。

杜陵小では、「いまいちど、日本の『土』の中から現実の課題にたちむかうことのできる子どもを育てるすじみちを明らかにすること」を目指していた、と吉田は述べている（杜陵小学校編『認識を高める授業』明治図書、一九六四年、一七一頁）。ここでいう「『土』の中から」とは、言うまでもなく、北方性綴方教師達が目指した教育のスタンス。

しかし、このようなハイレベルな宮崎の授業にも、この日記のように、「いつもだまっている」（宮崎の言）岩崎はきっと「まちがえる！」と「下に見る」子がまだいる。「岩崎君にしては大変なことだなあ」も、見下した言い方である。

もちろん、この子も、「きょうの岩崎君をもはんにしてがんばる」とは言っている。宮崎はこの事実をどうとらえているのか。

3　逆転が生じる

宮崎は、この日記の書き手に対して、このように仲間を「下に見るようなことは差別ですよ、直しなさい」というような注意はしない。この種の注意をすることこそが人権教育だ、などとは考えていない。周辺部の子どもにもっと同情や憐憫を示せというような「道徳」的注意を何度しても、子どもが変わるわけではない、ということを、宮崎は十分に承知している。だから、あえて、この日記を引用したのではないだろうか。

宮崎が、読者に本当に知ってほしかったことは、周辺部に置かれている子どもたちに、「同情や憐憫」を示すことでは学級の全員に「人格の尊厳や平等の意識をつかみとらせることはできません」という立場ではなかったか。そうして、第一章で触れたように「ひとりひとりの子どもたちが、仲間という集団の前で、じりじりと自己を変革し、成長させていくとき、初めて人間というものについての尊厳と、疑うことのできない信頼感が生まれてくる」という見通しではなかったか。

だから、周辺部の子どもたちが「自己変革」し「成長」した様を顕せる場を授業の中に積極的に創りだしていくことに、腐心する。そのために、毎日授業日記を読みながら、明日の授業を構想していく。これが、宮崎流の授業づくり、とわたしは考えている。

それともう一つ、宮崎はこのクラスを三年間担任している。にもかかわらず、まだ、このような子がいる、という事実に注目してほしい。

昨日まで分からなかったことが、今日分かるようになったということは、一授業時間の中で十分に起こり得ることである。これは、一授業時間の中で起こる波長の短い変化である。

しかし、先の日記のように、三年間も宮崎が担任し、「お昼がすぎると」と「お昼がすぎて」とは意味がちがう、という光雄の発言を契機に教室の中に集団思考のうずが巻き起こり、学級に拍手が起こるようなドラマを何度も経験した後でも、勉強があまり芳しくない仲間をまだ「下に見る」子どもがいる、という事実をどう解釈したらよいか。

授業の中には、このような長いスパンを経て、初めて変化が生じてくる、いや、変化の兆しがやっと生じてくる、ということもある。波長の長い変化である。

先の日記の場合、書き手の立場は、岩崎君はきっと「間違うぞ」と上から「下」に見ていた状態が、彼を尊敬して自分も頑張る、と彼を「上」に見る状態へと全く逆転している。ここまで言い切れなくても、少なくとも、この「上」と「下」の逆転が生じる兆しが少し見えてきた、ということだけは言えよう。

おそらく宮崎は、日々の授業の中では、短い波長の変化と長い波長の変化が絶えず絡まりながら生じている、ということを知っていたのではないか。

だから、「仲間を差別的に見てはいけない」等といった陳腐な注意や説教で満足するのではなく、この日記を読んで、今日のところは、この書き手にも仲間を見る眼を変えようと努力する兆しが見えてきた、と内心喜び、宮崎は、明日の授業づくりへの手がかりと元気をもらっていたのではないか。この様なとらえ方が、生活綴方教師に共通する「子ども観」である。

ものの見方や考え方にかかわるような人格の構えともいうべき部分に変化が生じるのが、波長の長い変化。いわゆる人生観が変わるというような変化は、一度や二度の注意ではめったに生じないということを、宮崎は、経験知として知っていたにちがいない。

長い波長での変化の兆しを、子どもたちの生活綴方の中に見い出し、その一つひとつに丁寧に、気長に応えていくのが宮崎のスタイル。だからここでも、子どもたちに、毎日国語の日記を書かせる。

子どもたちは、家へ帰って、今日の国語の時間はどうであったろうと反省しながら、日記を書く。日記を書きながら、先のように、「下」に見ていた仲間の発言を教師が褒めたことに「はっと」させられ、明日からは彼を模範にして自分も頑張ろう、と決心している、そんな自分に気付く、というプロセスが、ここにはある。

書き手が、仲間を見る眼を変えようとしている自分に、日記を書きながら気付くところが、自分を対象化して見ているところが、ここでの最大のポイント。

宮崎は、このように自分を変えようとするターニングポイントに、まず、子どもたち自身が気付き、そして努力しようという次の一歩を踏み出すことが、月に何度も生じるような授業を創りだしていくことを目指していた。

毎日子どもたちの日記を読みながら、明日の授業を構想する、というスタイルをとることによって、おそらくこのようなゆとりが、宮崎に生じていたものと思われる。授業日記を書かせ、子どもに家へ帰ってから今日の授業を反省する仕事を与える、そうすることで、子どもたちが自分の中に生じている長い波長での変化の兆しに気付く機会をつくる。

教師自身も、子どもたちの日記を通じて、個々の子どもに起こっているこの微妙な変化の兆しに気付いていく。これが、宮崎の本当の狙いではなかったか。

処女作『人間づくりの学級記録』にちなんで言えば、宮崎の授業研究は、まさに「人間づくりの授業実践」と命名することができる。

4　発言しない子も考えている

話を日記に戻そう。「不足する部分を叱らない、できた部分を褒めていく」というのが、宮崎の評価の特徴。

だから、その次の日の授業日記に、今日「関根君は先生にほめられた。二十日には、岩崎君と光枝さんがほめられた。先生にほめられることはめったにない。だから　先生にほめられることはとてもよいことだとおもう」と書いてくる子が出てくる。
日記には、つぎのようなことも書かれてくる。これは、一次読み一三時限目の日記。

私は、おとうさんが　なぜ「飼ってごらん」といったかを考えた。第一はきついりっぱな犬だからだ。先生はもうひとつあるといった。私は先生がいうまえにひとつ考えたことがあった。それは、アカは人の愛情を信じない根性があるけど、ア子には　それを　人の愛情を信じるよい犬に、アカをできるというのが　もうひとつの理由だと私は思った。だが、私はだまっていた。そして、まとまった結果は　ア子には　のら犬のアカを飼う力があるからとなった。私は、思ったことをどんどんいおうと思った。そうすれば　この考えの結果を出すのに　もっと私の力で　少しでも　助けてあげることができたのにと思った。本当に残念だ。（九〇頁）

授業中、発言しなくても、考えている子がいる。先生よりも先に考えよう、と黙って先生と競争している子がいる。この日記からは、これからは、授業でもっと発言しよう、そうして、自分も集団思考を盛り上げていく主体になろう、というこの子の強い決意も見えてくる。それをも摑んで授業に臨むのが、宮崎の授業づくり。

その例を二点挙げておこう。

○教師が授業を組織するためには、何よりもそこで取り上げられる教材に精通していなければならないでしょう。また、それに対して、子どもたちがどう反応しているか（どう反応するか）ということもとらえておかねばならないだろうと思います。その点で、このような日記は重要な意味をもっています。

（一六〇頁）

○こんな日記をよんで、なんとなく個性味のない指導案が　はじめて　具体化し　私の学級としての授業が　イメージとしてかたちづくられてくるのでした。わたしは、指導案にも　そこで発言をしてもらわねばならない子どもの名前をかきこみ、板書案にもかきこんで　明日の授業の準備を完了することにしました。

（一九七頁）

授業はさらに進み、一次読みの三二時限目、場面は、

〈書生が連れている大型ブルドッグのゴンとア子ちゃんが飼っているのら
犬アカとの闘いでゴンが盛り返すところ〉
書生が、「ゴン、ゴン！」と応援した。ア子ちゃんはもっと大きい泣き声を
ふりしぼってさけんだ。あきらかにアカはア子ちゃんの声をきいて、元気をも
りかえし、ねらった後足のももをとった。

例の光雄の日記は、

きょうは「ももをとった」というところがちょっと問題になった。
とったのはアカ、とられたのはゴンだ。アカはどうやってとったかというと
かみついてももをとった。でも　ぼくは　ここで　どうして　ゴンはもも
をやられたとかかなかったのかと　あとでおもった。
これは　ぼくがおもうには　こうかくと　いみがつよくなるからだ。「もも
をとった」とかくと、ゴンのももは　かんぜんに　アカのものになったという
ことになるので　ちがいがあるとおもった。

「あとでおもった」と記しているように、光雄は、家へ帰ってから、今日の授業を反芻し、日記を書いている。
子どもたちに授業日記を書くことが習慣化されてくると、とりたてて教師が宿題を出さなくとも、子どもたちは自主的に復習していることが窺える。この日記に対して、宮崎は、「光雄の成長（言葉の表現性へのめざめ）も　うれしいことのひとつです」と解説している（一五〇―一五一頁）。

5　切れない集中力

この授業も終盤七月一日、二次読みの五時限目の後の日記。

きょうのアカの勉強はとてもおもしろかった。それは　いいたいことがはっきりいえたことが第一です。第二は、私の考えに賛成してくれたみんながいたからです。（略）
二つめの質問には　私はちょっとあやふやでしたが　遠藤さんが「ゴンと

たたかっているなかでアカはア子ちゃんからなにかを感じました。そのなかみはわかりませんが　アカは感じました。」といいました。私は「なにか感じた」というところまではよめませんでした。だから　遠藤さんがにくらしく見えました（二一七頁）。

授業が最終盤にさしかかっても、「きょうの勉強はおもしろかった」そのわけは、「いいたいことがはっきりといえた」「私の考えに賛成してくれたみんながいた」と書く子がいるという事実。

仲間の発表を聞いて、自分はそこまで読みこめなかった、その仲間が「にくらしい」と感じ、次の時間には負けないぞと「やる気」をさらに奮い立たせるほどの高いモチベーションが子どもたちに持続されているという事実に、わたしは、宮崎の授業のすごさを感じる。

七月五日、二次読みの八時限目は、次の最後の場面。

ア子ちゃんはもうおばあさんになっていましたが、毎年まっかなざくろのみの花を見ると、赤い夕日のなかにいさましく戦った、赤いみすぼらしい犬をおもいだしている。

ある子の日記。

きょうは二次読みの最後の日だった。問題になったのは最後の、赤いみすぼらしい犬の「みすぼらしい」というところだ。前の一次読みでは、みすぼらしいんだから、なにかくらべるものがあるはずだ、それはゴンだ、ゴンにくらべてアカはみすぼらしいということになっていた。

でも、そうじゃないんではないかともう一回考えなおしてみた。ゴンと戦った後は、ア子ちゃんとアカが一心同体になったのでしあわせだった。でも、ゴンと戦う前は、天下の浪人であった。きまったすみかもない。毎日のたべものもあさらなければならない。しかし、天下の浪人にとってはみすぼらしいことではない。みすぼらしいというのは、人間の愛情をしらなかった、あるいは信じなかったということである。（一二三四頁）

こうして、この授業を打ち切ったときの様子を、宮崎はつぎのように書いている。

「えぇーっ！」とおどろきの声をあげた子もあったのです。その子は　勉強はこれからとさえおもっていたのでありましょう。感想を書く作業を中心にして理解の段階をおわるということは　ありえないことではありません。しかし、そのことでおわることに　わたしは満足していたのではありません。もう一つの山を越えるだけのエネルギーが底をついていました。子どもたちにも　すまないというよりほかありません。いまは　つぎの仕事への情熱をたくわえるだけです。

（二四六頁）

6　学ぶことと生きることの統一

宮崎は、一つの教材に三カ月をかけた長丁場の授業で子どもと「共に生きようとする」授業実践を提示してくれた。これは、宮崎が全身全霊を懸けて取り組んだ貴重な授業。

ここでは、国語の授業という教科の枠を超えて、人間を育てる教育、人間づくりの教育が行われている。子どもたちが授業の中で学んでいることが、子どもたちの今までのモノの見方や、考え方にまで変更を迫っていくようなドラマを引き起こすきっかけを生みだすことにつながっていく。

学ぶことと生きることが統一されている。専門用語で言えば、「授業の中で陶冶と訓育が統一されている」教育実践である。

このような授業研究を可能にした最大の要因は、

① 宮崎が、三年もかけて、このクラスの子どもたちに、生活綴方を書くことを要求し、三年目になると、教師の方から要求しなくても、子どもたちが授業日記を書いてくるようになる。その日の授業を反芻し、反省しながら、明日の授業への「やる気」を呼び起こすまでに成長したことである。

② そして、教師が、子どもたちのこのような成長へのかすかな兆しをも察知し、少しでも伸びようとする子どもたちの意欲が、次の授業で叶うように授業を構想し、実際の授業展開で子どもと「共に生きよう」と心がけたことである。

先に、宮崎の授業では、子どもたちの中に、短い波長の変化と長い波長の変化が絡まり合いながら生じていると書いた。子どもたちは、授業日記を書くことで、しかもそれを生活綴方の手法で書くことで、今日の国語の授業でのできごとを自分たちの

「生活台」をくぐらせて反芻し、考え、明日への一歩を踏み出そうと決意している自分を対象化していく仕事をしている。

この仕事の中で、子どもたちは、自分の長い波長の変化のかすかな兆しに気付き、それがたとえば明日の授業では絶対に発言しようという「やる気」になり、明日の授業でそれを実現していく（＝短い波長の変化）というプロセスを、まさに自分たちの足で歩んでいく、宮崎という教師と共に歩んでいく。

このようなことが、宮崎の国語の授業では生じていた。これが、子どもと「共に生きようとする」宮崎の授業研究。こうして宮崎は、生活場面でも、授業場面でも子どもと「共に生きようとする」教育実践を追求していった。

まさに、教育と生活の統一を、陶冶と訓育の統一を、彼の教育実践全体で実現していこうとしていた。

これが、人間宮崎の生涯を通じた教師魂であった。

第四章

生活綴方教師への途

一　船出

一九三五（昭和一〇）年、田舎の小学校の先生になり、子どもたち一人ひとりの胸に、希望の灯を立ててやるのだ、と教職にあこがれていた一人の少年がいた。後の宮崎典男である。当時は、既に満州事件が起こり、東北地方は歴史的な冷害に襲われていたが、少年の胸は、教師に向けて船出する高揚感で満たされていた。

見方を変えれば、少年にとって、教職への船出に向けて、またとない絶好の条件がそろっていた。北方性生活綴方運動が絶頂期にあり、新任校には、出帆に向けて少年の背中を力強く押してくれる先輩もいた。このとき、少年は、やがて迫りくる強大な嵐をほとんど予知できていない。

追い風に押されて、「面舵一杯」と気がはやるばかりであった。本節では、順調な出帆から嵐に襲われ、その嵐が終わるまでの一〇年間の航跡を、少し詳しくたどってみたい。

1　教職への憧れ

兄上――

都会もいいが、田舎の子供の目がより好きです。私はセザンヌが好きでございます。（略）たまらなくこの人が好きです。（略）どんな文化の中心にいても、内に光を持たない人は、ついに一地方的な存在に過ぎないのでございましょう。反対にどんな田舎にいたって、内に光を持つものは、一地方的な存在から脱するのでございましょう。

（略）兄さんは田舎の子供の眼を知っているはず（略）教生の時には私は随分あの眼に苦しめられた（略）一度は却って子供を憎もうとさえした（略）私は考え違いをしていたのです。先生って教えるものとばかり思っていたのですから、苦しいものでした。ですが先生もやはり子供に教えられるものだと思うようになりました。そして明るい心が帰って来ました。私の生活をそのままぶちまけてよいと思うようになりました。私は初めて子供を愛し得る力を知ったような気がしたのでございます。（略）

私は内に光をかかげたいと思います。そして田舎へ行くんです。子供たちの心にも一本々々燈を立てるように致させます。凶作だなんて燈を消してはいけません。一人々々が内に燈をかかげたとき、明るくて、輝いてどんなに美しいことでございましょう。

（略）私は常識を捨てたいと思っています。この常識が私の生活に幾多の毒とてらいとを付加しているかを見ねばなりません。（略）私は常識を超えて子供にぶつかっていくのです。愛は力です。それは自己も子供もより高いものに包摂される境地です。喜びというよりは生活そのものです。然も子供が何等伸びる所がなかったとしてもこの愛さんとする心のみは感じてくれるはずです。それは人間として持たねばならない唯一の確信ではないのでしょうか。

（一二一―一二三頁）

ここに抜粋したのは、ぜひとも教職に就きたいという一八歳の少年遠藤典男の決意表明である。宮崎典男の旧姓は遠藤で、一九四三（昭和一八）年に結婚して宮崎姓となる。この感想文は、宮城県教育会編『宮城教育』の一九三五（昭和一〇）年三月号が、その春宮城県師範と女子師範を卒業する生徒三〇数名の感想を集めた「首途の春」に載せられたもの。

遠藤（宮崎―以下、遠藤姓で書いたものを扱う場合には、このように表記）は、子どもの心に燈を掲げるのだ、「そして田舎へ行くんです」と書いていることから、このときすでに新任地斎川小学校への赴任が決まっていたものと思われる。

子どもへの愛さえあれば教育はできる、例年続いている凶作にもめげず田舎の子どもも一人ひとりに自分の手で燈を立てるのだ、という決意は、遠藤少年の子どもへの愛の強さ、教育に懸けるロマンの大きさを窺わせる。遠藤（宮崎）は、「先生って教えるものとばかり思っていたが、先生もやはり子供に教えられるものだと思うようになった」と記している。

彼が、実際に教職について子どもから教えられたことは、授業の方法に関することに止まらない。彼は、受け持った子どもたちによって、子ども観、教育観、ひいては人生観そのものを変革させられていく。

感想文に書かれている兄とは、彼が師範学校二年のときに中国山海関で戦死した兄のこと。この兄は、仙台幼年学校から陸軍士官学校へ進んだ生粋の職業軍人。毎月自宅に新潮社の『世界文学全集』を送ってくれていたこの兄を、遠藤（宮崎）は小学校時代からあこがれ、尊敬していた。

このような家庭環境で育った彼は、少し年長の生活綴方教師国分一太郎や鈴木道太等より裕福であったと思われる。それは、感想文の中で「凶作だなんて燈を消してはいけません。一人々々が内に燈をかかげたとき、明るくて、輝いてどんなに美しいことでございましょう」という現実認識からも窺がえよう。師範時代は、恐らく、小林多喜二『蟹工船』（一九二九年）も読んでいなかったものと思われる。

師範時代の彼のエピソートを、もう少し紹介しておこう。

彼は、西田幾多郎『善の研究』や倉田百三『愛と認識の出発』等を読みふけり、一カ月の軍事訓練でも、連日軍隊教育を批判する日誌を書き、指導将校に毎回朱筆を入れられても、まだ批判し続けるという一途な少年であった。

教生時の「大化の改新」の授業研究で、彼は、大化の改新が是認されるなら、五・一五事件も是認されねばならないと質問して、附属の先生にそれは「現代史観」だと批判されてもいる。

2　新任時代

一九三五（昭和一〇）年、宮城県師範学校を卒業した遠藤典男は、その四月、福島県境に近い山間の小さな学校、斎川尋常高等小学校（現白石市立斎川小学校、二〇一〇年四月現在全校児童数四三名、明治六年に開校、明治一四年に斎川村の小学校として独立）の新任訓導（＝教師）となる。

本章では、宮崎『教師　そこまでの道』（あゆみ出版、一九八四年）を基本資料にしながら、彼が新任時代からいかなる過程をくぐり抜けて、どのような生活綴方教師群像との出逢い・交流を介して、戦後も一貫して指導的役割を果たしていく生活綴方教師になっていったか、その道程をたどってみたい。

なお、『教師　そこまでの道』に対しては、大田堯氏がつぎのような「すいせんのことば」を送っている。


戦前、戦後を通じての、日本の教育の良心の軌跡が、宮崎典男氏自身の実践そのものを通して、みごとに描き出されていて、感銘ひとしおである。労多くして報いられることの少ない仕事の積み重ねだが、そこにこそ生きがいを求めて、これからの歴史を拓くエネルギーがたくわえられてきた。


以後、『教師　そこまでの道』からの引用には、一四六頁のように頁数だけを（　）で記す。

斎川小は、各学年一学級、校長を含めて職員が一一名。そこに旧制中学を中退した準訓導新川健がいた。田舎の子どもを相手に、自分にしかできない教育をいよいよ今から始めるのだ、と勢い込んだ遠藤は、田舎の子どもの現実を眼の前にして直ぐ壁にぶつかる。いくら子どもに語りかけても、師範時代に予想したようには入っていかない。

新川学級では、いつも子どもたちと先生、子どもたち同士のなごやかな組織的活動があり、いつも新しさを求めて動いているように見えるのに、なぜ自分の学級ではそれができないのか、と悩み始める。先輩の新川は、こんな彼の相談に乗り、一つひとつ丁寧に教えてくれた。

新川は、自分の文集『山苺』を見せ、国分一太郎『もんぺの弟』等も見せながら、「生活綴方」というものを、そして、学級づくり、授業づくりというものを手ほどきしてくれた。このとき、後に出てくる菊池譲主宰『国語教育研究』も紹介されたはず。彼は、新川から、学級づくり、授業づくりの原動力は生活綴方である、ということを教えられる。彼が分かったことは、つぎのことであった。

教育が単なる情熱や純情だけでなく、方法をもたねばならないとするなら、まず、子どもを知らねばならぬ！　子どもを知るということは、子どもの生きた現実を知ることであり、現実のなかで生きている子どもの内面を知ることである。そのためには、「生活綴方」は、子どもにとってはもちろん、教師にとっても大きな意味がある。綴方を書かせねばならない！　（三五頁）

新任二年目二〇歳になった彼は、新川学級を引き継ぎ、文集『傾斜地』を出す。この初めての文集は、『国語教育研究』の「文集素描」で、つぎのような短評を受ける。

○傾斜地、宮城刈田斎川校　遠藤典男氏指導。

傾斜地は近来、めきめきと押し出してきた。新川君の編集らしく巻頭、傾斜地の言葉には力と詩がある。（同誌、第五巻、第三号、昭和一一年、六一頁）

本誌の主催者菊池譲は、「傾斜地」の編者を遠藤典男と記しながら、短評の際には前担任の新川と誤解している。菊池が「めきめきと押し出してきた」と評するほどの発展は、前担任新川がこの学級の子どもたちを耕していたからであることは容易に想像がつくが、ともあれ、遠藤（宮崎）も子どもに生活綴方を書かせ始める。綴方教師への第一歩だ。

遠藤（宮崎）の新任時代、斎川小では新川の指導のもと何人かの先生が子どもに生活綴方を書かせ、それぞれ文集を作っていた。外では、国分一太郎が『もんぺの弟』で、子どもに呼びかけていた。彼は、国分の取り組みをつぎのように理解している。

（国分は）貧しく、労働にあけくれている子どもたちを、悲壮感をもってとらえていない。（かと言って）甘やかしているのでもない。現実の中に未来を準備する子どもの可能性を見ている。なによりも、その地域とそこに生きる子どもの姿に、私たちの国と、その子どもたちの未来を見ている。（四八頁）

子どもに綴方を書かせるという仕事は、国分のような子ども観、教育観をもって教育に当たることなのだ、ということを彼は分かり始める。当時、遠藤は「調べる綴方」を読んでいる。それは、『綴方倶楽部』の「調べる綴方の理論と指導実践工作」の特集（昭和九年）である。そこでは、国分が秘めた情熱で実践を語り、鈴木道太がたぎる情熱で呼びかけている。これらの主張を読んだ彼は、理解する。そこには、

生活綴方は単なる生活の描写、実感への埋没であってはならない。封建的な

家族労働への情緒的な参加、刻苦勉励という修身主義であってはならないという意欲が存在していたのであろう。生活現象に内在している本質までみぬかせねばならないという意欲が存在していたのであろう。と。（五八頁）

彼が斎川小に赴任した一九三五（昭和一〇）年は、鈴木が『手旗』に火のでるような実践を掲げていた。国分が『もんぺの弟』で緻密で綿密な仕事を見せてくれていた。彼にとって、生活綴方教師への途を踏み出す最高の条件が準備されていた、とも言える。鈴木の実践を少し紹介しておこう。

3　先輩綴方教師　鈴木道太

鈴木道太は、東北の歴史に残る冷害凶作の年、一九三四年に、新任時の校長の招きで吉田小学校（現宮城県亘理郡亘理町）に転任する。鈴木がそこで担任した高等一年生六二人は、浜の小学校と丘の小学校を卒業した子どもたちで、喧嘩が絶えない、漢字が読めない、二ケタの掛け算ができない、一位の除法でつまずく子どもが二〇名近くもいるという低学力状況であった。

とてもこれでは、個性的な学習の組織を作っていくことは難しい。とにかくあまりにも遅れている学習の進度や能力のデコボコに、一通りの地ならしをしなければなるまい。急がないことだ。酒が芳醇に発酵するためには、決して熱い火入れはしない。私の教育の足取りが、部落の教化に入っていくにしても、まずこの六二人の教室が地盤となり、この教育の放射が必然的に部落へ伸びるというのでなければ嘘だ。（略）それぞれ班長を決めて、一ケタの掛け算、二ケタの掛け算と、授業が終わると班に組んで地ならしも始めた。（略）これは暇のかかる仕事である。いつ果てるということのない仕事である。だが、子どもたちが自分で目を開き、深く考え、正しく判断するための大事な道具の磨きである。

鈴木は、このような困難な状況の中でも、決して焦っていない。担当した子どもたちに班単位で地道に基礎学力を補充し、自分で考え、自分で正しく判断できる、今日いう「批判的リテラシー」の基礎を育て、その成果の延長線上に村の教化を据えているところも、彼の大きな特色である。

彼が担任になってちょうど六五日目。派手な喧嘩をしでかした子どもたちを裏山に駆け上がらせて、全員を青草の上に車座に座らせ、鈴木は初めて本格的な説教を始める。

先生はこう思っている。一番大事なことは幸福になるということだ。それも、自分一人が幸福になるのではない。すべての人が、みんな幸福になる。（略）その幸福になるためには、どんな工夫をしたならばよいか、そのために私たちは何をおぼえたらよいか。勉強することは山ほどあり、しかも私たちは何も知っていないのだ。読方も、算術も綴方も図画も歴史も、その大事なことをおぼえていくための道具なのだ。それなのにお前たちの中には、その道具の使い方も知らない者がいっぱい居るではないか。二ケタの掛け算を知らない者が一八人も居るではないか。（略）夜通し勉強しても足りないのに、お前たちがこの六〇日あまり毎日やってきたのは、浜と丘の喧嘩だけではないか。

そしてこの後、あの有名な鈴木道太のことばが出てくる。

ひとりの喜びが、六三（鈴木一名を加えて―引用者）人みんなの喜びになり、ひとりの悲しみがみんなの悲しみにもなる。そういう教育を、村を、日本を、

そして世界を作りたい。私はそのためにみんなの先生となり、みんなの仲間となって勉強しているのだ。（略）

「ひとりの喜びが……」

と私がいうと

「みんなの喜びとなり」

子どもたちが後を続けた。

「ひとりの悲しみが」

「みんなの悲しみとなる……教室」

ひとりの喜びが
みんなの喜びとなり
ひとりの悲しみが
みんなの悲しみとなる……教室

あくる日私はそれを紙に書いて教室に貼った。われわれのこれは手旗信号である。

（『鈴木道太著作選1』明治図書、一九七二年、九六頁参照）

今でもよく教室に貼られているこの言葉の背後に、鈴木が見通していたこと、つまり、「そういう教室を、村を、日本を、そして世界を作りたい。私はそのためにみんなの先生になり、みんなの仲間となって勉強しているのだ」というこのスケールの大きさも、鈴木の大きな特色。今日わたしたちが学校現場で出会う「ひとりの喜びが……」の貼り紙は、そのほとんどが、鈴木が紙に書いたこの部分だけである。鈴木が当時見通していたスケール全体を十分視野に入れずに、子どもに対する辛抱強い教育法を考慮せずに、生活綴方はもう古い、と断定してしまう傾向を危惧するのは、わたし一人であろうか。

それともう一つ、ここで注目すべきは、鈴木が「喧嘩をしてはいけない」とただ怒るだけではなく、全員を裏山の頂上まで駆け上がらせ、そこに車座に座らせて、子どもたちに熱く語りかけるこのパフォーマンス、指導法である。よどんだ空気で濁った教室ではなく、心機一転、青空の下でこのようなことばを語りかけられれば、だれでも感動しよう。そこまで見通して行動する彼の教育力の奥深さが、窺えよう。

4 北日本訓導協議会

話を、宮崎に戻そう。もちろん、鈴木のこの実践が遠藤（宮崎）の胸を打ったことは、今さら言うまでもなかろう。ちなみに、彼と鈴木が初顔合わせをするのは、一九三七（昭和一二）年の八月、遠藤と新川が、『生活学校』の北海道・東北めぐりの会場として斎川小を申し出、その準備をしているときに、準備状況を確かめるために遠藤の下宿を鈴木が訪れたのが最初である。

この『生活学校』の北海道・東北めぐりは、一九三六（昭和一一）年一〇月に、戸塚廉が主宰、城戸幡太郎を指導者として新たに再出発した『生活学校』の宣伝のためであった。このとき遠藤は、この再出発した『生活学校』の宣伝会場を引き受けるほどの熱心な読者になっていた。本誌の一九三七（昭和一二）年三月号に、遠藤典男「敗北の記録——児童の恋愛をどう裁く?」という記録が載っている。遠藤（宮崎）全国デビューの第一作である。

遠藤（宮崎）が、生活綴方教師へとその歩を進める第二のできごとは、一九三六（昭和一一）年八月に宮城県師範附属小学校で開催された第三回北日本訓導協議会に初めて参加したことである。菊池譲が主導して開かれているこの第三回北日本訓導協議会には、北海道・東北六県はいうに及ばず、西は高知、岡山、さらには朝鮮まで総計三〇〇余が参加する盛大なものであった。二つほどその証拠を挙げておこう（『国

語教育研究』第五巻第四号、一九三六年)。

一つは、『綴方倶楽部』の主催者千葉春雄「北日本訓導協議会に寄す」から。それは、つぎのようなエールである。

今日の教育の実質は、直下に改善すべく余りに多くの問題をもつ、問題が余りに過大なるために、かえって無風帯の感さえある。これを是正し、これを覚醒し、これを推進せしむるこそ、たゞ今の教育者に議されたる喫緊の要務である。売品の無責任なる教案を転化して、その体裁の整頓に自慰し、もって責任を果たすと考えるが如きは、もはや教育の一大罪悪であり、その無恥、その厚顔、恐らくこれに過ぎたるはない。

で、諸君の協議する問題も、実践的には直下の功を選ぶべきものであるし、根本的には、如上の教育界の空気風潮の改新を目指さなくてはならぬ。

(二―三頁)

もう一つは、日本の女ペスタロッチと称された千葉県の平野婦美子の参加感想から。

今こそ北方の方々の激しい息吹を身を以て感じたのでした。此様に多くの人々を抱き寄せ、手を握らせ、力を湧かせてくれるふところが私には嬉しく羨ましくてならないのでした。（略）このふところから受ける強烈な協同意欲を以て一層緊密な集団を築かれる様、又個々が精一杯充実した一員であられる様、そしてふるゝものに作用して行き度いものです。それにしても、青白い顔を叩き乍らも進行係として活躍して居られた鈴木道太先生の厳かな光景は人々の胸に烙印される事でしょう。（一二頁）

宮崎が、この協議会に参加して、大いに感激し、組織の大切さを学んだ、と後に整理していることも了解できる。平野婦美子の名が出たところで、ぜひ紹介したいことがある。平野『女教師の記録』（西村書店、一九四〇年）――本書はミリオンセラーになった――に、市川市での実践が記されている。そこには、

教室の隅には、五四冊のノートが並んでいる。ノートの背中には児童の名前が貼られてすぐひき出せるようになっている。

このノートには、一日一行でもいいから、一人一人のその日の生活状況を記

録して、父兄に、自分の子供が学校でどんな生活をしているかを知らせ、やがて子供が大きくなって読んだ時、まざまざと、自分の幼時の生活が分かるように忠実に事実を書こうとした。しかし、いざノートを開いてペンを握って、この子供は今日どんなことがあったのかしらといくら考えても浮かんで来ない子供がいつも数名出来てしまう。見れども見えずの人間の力の弱さが私には悲しかった。一日一緒に生活しても何も書くことがなく、印象に残らないとは、その子供に対しても、又その子供の親に対してもすまないことだと、詫びたい気持だった。何とかして、自分の眼を開くいい方法はないかと考えあぐんだ。それからは、その印象に残らなかった子供の名前を書いて教卓に貼り、その翌日はそういう子供に特に意識的に注意してみるようにした。これはたいそう簡単なことだけどいい勉強なった。今まで知らなかった性格を見いだすことも出来た。　（二七三―二七四頁）

平野は、このとき二〇代半ば、子どもを摑もうとする何という執念、千葉県にも生活綴方魂を持った教師がいたのである。そして、このように学級の子ども一人ひとりと向き合おうとする平野の実践を、東井義雄は知っていた（『東井義雄著作集1』明治図書、一九七二年、五九頁)。それら全国の生活綴方教師の多くが、この北日本訓導協議会にはせ参じている。この協議会が目指した生活綴方運動の力強さ、規模の大きさが窺えよう。

一九三七(昭和一二)年五月、遠藤(宮崎)は、鈴木道太・佐々木正等が編集した『カマラード』第一号を編者の佐々木から受け取っている。これは、彼が、北方性生活綴方教師の正規メンバーとして認められた一つの証拠と言える。そして、この第四号(一九三七年九月—戦前の最終号)に彼の「一つの報告」が掲載される。その内容は、およそ次のようである『人間づくりの学級記録』、三二六—三三九頁に再録されたものから引用)。

昨年小学校を卒業した幸男は、母の手伝いをするため高等一年の授業を欠席せざるを得ない。父親は彼が六年の時に鉄道自殺をし、今は、母と祖母が小作の仕事をしながらなんとか下の子どもたちを小学校へ通わせている。父親は、自殺の前に、受け持ちの新川先生の家まで行って「よろしく、よろしく、……よろしく。」と何回も頭を下げて、そのまま自殺、そのとき珍しく腰には子供たちへのみやげをつるしていたという。祖母は、幸男を高等小学校に一年だけは通わせてやりたいと考えている。母親もそうさせてやりたいのだが、農繁期には母と祖母だけでは小作の田畑を扱いきれず、つい幸男に頼らざるを得ない。学校も休ませてしまうことになる。このような貧しい家庭でも、親たちは、高等科卒の「免状」欲しさに、子どもを学校へやろうと努力している。

遠藤（宮崎）は、幸男を学校に通わせても与えようとしているのは何んであろうか？ 世渡りの切符のような「卒業証書」を与えることなのだろうか、と悩む。そして、「小学校が、その本来の機能を失って、国家―文部省―県庁という強力な機械構造に引きずられて、遂にはその下僕となってしまうことに、一村教化の中心である小学校の無残な道徳的まひの現状を、この五感をもって感じています。（略）わたしのいまの貧しいいとなみに、このような子どもたちの生活を勇気づけ、その幸福を保障する何があるだろうか」と考え込む。

「農繁期休暇」がある六月になると、幸男はいよいよ学校に来なくなる。この状況に対して、学級の仲間が立ち上がる。そして、「幸男はおらたち三八人の友達だ」「今日、男、みんなですけにいく」という学級決議をする。遠藤（宮崎）も含めて、午前の授業が終わると、弁当を持って幸男の田打ちを助けに行く。そんな仲間の中に、みんなが休憩していても、一人黙ってみんなのした後を直している子がいた。それが芳治であった。

農村で育ったわたしの小学校時代（一九五〇年代）にも、「農繁期休暇」が春と秋の二回あったことが想い出されて、懐かしい。さて、ここで登場した芳治に、戦後宮崎は「芳治に」（宗像誠也・宮原誠一編『魂あいふれて』百合出版、一九五一年、二二〇―二二三五頁参照）を遠藤姓で書いている。

その一部を抜粋しておこう。

5　子どもが先生

芳治！

おまえは高等科の生徒であり、おれはおまえたちの先生だった。だが、生活の根を持たない小市民の家庭に生まれ、世間知らずで、体も弱かったおれにとって、芳治こそがおれの先生だった。

芳治、先生であったこのおれが、おまえたちから学ぶことのみ多かったということは、教師としての恥かも知れない。芳治、それが恥なら恥でもよい。おれはそれを語らねばならない。

と語りかけている。もう少し引用しておこう。

芳治！　これが満でいえば一三をすぎたばかりのお前の日記だ。阿武隈山脈を前にして、奥羽山脈の断層崖にこびりついて、この村はあった。田と畑を合わせても一戸平均の耕作地は四反にも足りなかった。（略）芳治よ、教師であるおれが、まだ感傷におぼれていた時、おまえは現実にどっしりと腰をおろしていた。耕地の狭さを、身をけずるような過労でおぎなうよりすべのなかったこの村で、おまえはもうりっぱな一家のささえ手のひとりだった。七・八時間の労働を連日やってのけ、しかもおまえは明るかった。（略）

稲刈りの忙しい時期に、恒例の消防演習があった。日曜でも、その日の光栄のために、狭い運動場一ぱいに毎日練習が続いた。おれは、明日は消防演習につき午前九時までに出頭するように命ぜねばならなかった。（略）

芳治！　あの時のことをおまえはおぼえているであろうか。その日になって、だまって参加せずに、とりすましている子がある中で、おまえは、「このいそがすえのに、でられっがや！」と叫んだものだ。その声は、「まさか」と、ある誇りさえ感じていたおれの耳をかきむしった。おれの怒声。

尊厳なるべきお上の意思は保たれねばならない。（略）万難を排して大事（消防演習──引用者）をなさねばならない。（略）

芳治は、こんな先生を許すだろうか？

これが、先の芳治。芳治一三歳、遠藤（宮崎）二〇歳のときの二人の関わりである。芳治の抗議が真っ当なことを知りながら、そして、子どもたちには、彼の文集『生活の朝』で、第一章で触れたように、

正シイモノヲ　正シイトシ、
ワルイモノヲ　ワルイトシ、

と呼びかけているにもかかわらず、教師としては、恒例の消防演習に精を出せと言わざるを得ない惨めな自分に悩んでいる姿が目に浮かぶ。この芳治は、一九四三（昭和一八）年に戦死している。戦死を知った上での先の宮崎の記述である。その後遠藤

（宮崎）は、一九三九（昭和一四）年八月に法政大学で開かれた第一回教育科学研究協議会に参加し、大いに刺激を受ける。彼が受けた感動の大きさは、その年の二学期に斎川小に教科研の支部を立ち上げていることからも窺えよう。

ここで急いで付け加えておきたいことがある。それは、宮崎が「芳治に」を書いた年が、一九五一年であること。彼の土湯小への復職は、一九五三年。それより二年前にもかかわらず、『魂あいふれて』に執筆を依頼されたということは、宗像等は、宮崎典男を鈴木道太等と並んで戦前からの生活綴方教師として認めていた証拠と言える。

6　菊池譲校長

翌一九四〇年には、菊池譲校長と新川訓導にあこがれて姫松小（現栗原市立姫松小学校）に転勤する。最初尋常科二年の担任であったが、直ぐに高等科一年の担任になる。そこで文集『伸びゆく姿』を発行。そのときのスローガンは、

私の力で私たちの生活を育て、
私たちの力で私の生活を育てる。

であった。スローガンからも分かるように、彼はここで、集団の大切さを教えることに腐心する（一五五頁）。同年一一月二〇日、いわゆる「綴方事件」の容疑で宮崎も家宅捜索を受ける。彼は当時、清水幾太郎と島木健作のものを読みふけっていた。なお、このときは、菊池校長も所持品を調べられている。ここで、菊池校長に係る一つのエピソードを紹介しておこう。それは、えんどうのりお「校長先生のズック」である。これは、宮崎典男が中心になって、一九七八年に菊池譲主宰『国語教育研究』をすばる教育研究所から復刻し、その最後に別冊として出した『北方の父』（五四—五七頁）に掲載されているもの。一部抜粋し、引用しておこう。

（略）ある年、この村の学校に一人の先生がポックリと赴任してきました。世間知らずのその先生の中には「任に就く」という古風な感情が去来していたのでありました。

その先生も、子供たちと、赤松の生えた草山をかけめぐったり、日なたに着物をひろげさせては、白くうごめく小さな飼物（虱—引用者）を殺生させたりして、この山里の生活に慣れてきました。

それは、或る日のことでありました。（放課後）若い同僚をつかまえてボールを高く空にけりました。ところがそれは何という不幸なことでありましょう。若気の浅慮というのでしょう。その先生は、役場に出かけた校長先生の新しいアミアゲのズックを足にはいていたのでありました。ところが、そのズックが、(略)二度ほど元気に高くボールをあげた時、パッとまん中から二つにさけてしまったのです。若い先生は真青になりました。おわびをすることばを知らなかった先生は学校をだまってぬけ出しました。

うす暗がりになって学校への路をもどった田んぼの中の一本道で、困ったことに向こうからやってくる校長先生に出会ってしまったのです。だが、弱い先生はだまって別れのアイサツしかできませんでした。校長先生はいつもと少しもちがっていませんでしたが、片足はやぶけたズックを引きずっていました。

若い先生は弱い性格でしたが、善良な性質でもありましたので、一晩ハンモンいたしました。つぎの日は遠足でしたので、校長先生とは朝、顔を合わせただけで、やはり黙って出かけました。(略)

遠足から帰った先生は、遂に覚悟を決めました。校長先生の前に固くなって立った若い先生はおののきながら昨日の一件をのべておわびしました。けげんそうにながめていた校長先生のお顔が笑顔をつくってほころびました。

「だれにもうらまれるおぼえはなかったがと心配していました。あなたでしたか。」

と、校長先生はいわれて笑われました。

はじめて、良心のカシャクから解放された若い先生は、ほっとして職員室を出ました。玄関には、校長先生のズックがきちんとそろえてぬがれてありましたが、若い先生は立ったまま、しばらくそのズックをながめていました。やぶれたところは、針の目もきれいにつくろわれてありました。（略）

その校長先生が菊池譲先生でした。そして校長先生のズックを破った善良で小心な教師が実は私でした。

善良で、小心な、しかし、やんちゃな「子ども性」（kindhaft）を持ったままの二〇代前半の宮崎と懐の深い菊池校長との心温まるエピソードである。宮崎にはこのような「子ども性」があったからこそ、彼は、勉強があまり好きでないやんちゃ坊主たちの心情に何の抵抗もなく入っていけたのではないだろうか。とすれば、この桁外れの「子ども性」は、宮崎を特色づける重要な素質とさえ言える。宮崎の「子ども性」と菊池校長の器の大きさがコラボレーションを起こして、軍国主義が襲いかかってきた閉そく状態の時代に、ささやかながらも、姫松小ではほんのりと温かな教育実践が続けられていたものと思われる。

宮崎は、その後一九四六（昭和二一）年まで、姫松小で、綴方の授業研究会を開き、『伸びてゆく姿』という文集を出していく。彼は、個と集団の有機的な関係を育てる学級づくりを目指して、子どもたちに綴方を書かせ続けた。もちろん、その土台づくりとして、子どもたちに少しでも多く本物の文化に触れさせてやろうと、山本有三・吉野源三郎編『日本少国民文庫』等を彼らと読み合ってもいる。

こうして、宮崎は、預かった子どもたちをなんとかして「一人前の人間」に育てることに専念した。夜は夜で、村の青年団との文化活動を精力的に組織していった。これは、宮崎一人ではない。戦前多くの北方性生活綴方教師たちが取り組んだ、広い意味の教育実践であった。

この辺の事情については、戦後社会科教育の生みの親の一人である馬場四郎がつぎのように総括している。馬場「社会科と新しいカリキュラムの問題」（『思想』、一九四九年二月号）より引用しておこう。

我が国の過去においても、進歩的な教師たちは、中央の制約から解放されてその預かっている子供たちの生活の現実から、かれらにとってしたしみやすい、子どもたちが真実に要求している生きた問題を、学習の中心として取り上げようとする試みは、たとえ貧しくとも全然無くはなかった。例えば戦争前の弾圧の嵐の中でついには崩壊してしまったが、綴り方教育運動やその発展したものとしての生活教育運動、さらには、このような現場からの実践の上に盛り上がったものを組織し、客観性と科学性をこれに与えてゆこうとした、現場人と教育理論家を一体としたあの教育科学運動の線の如きは明らかに現場から芽生えて、自主的に新しい教育を確立しようとする動きを示しているといえよう。若し今日、かつて芽生えた新しい教育運動の根が、どこかでひそかにたくましく芽をふいているとすれば、新しい社会科のつぎ穂はかような根をつぎ台としてこそ、始めて力強く育っていくだろうと思われるのである。（二六頁）

馬場の文章に出てくる綴方運動、生活教育運動、教育科学運動に、上述してきたように、宮崎は新任早々から共感し、後にはその有力なメンバーの一人として生きてきたのだった。

二　再出発

嵐はすぎた。見渡してみると、「綴方事件」で収監され一九四三（昭和一八）年暮れに釈放された鈴木道太は、教職に復帰せず福祉行政の仕事に就いている。国分一太郎も、相沢ときとの共著『教室の記録』（一九三七年）の廉で、一九三八年辞職に追い込まれて以降、教職には復帰していない。菊池校長は、敗戦後、藤里国民学校（現栗原市瀬峰小）長になり、一九四七年には新制瀬峰中学校長になる。

宮崎は、一九四六年四月、岩沼小学校（現岩沼市立岩沼小学校）へ転任する。そこで、鈴木道太と運命的な再会をする。彼は、生活綴方教師再出発へ向けて、アクセルを踏む。ここでは、再出発後、土湯小学校へ再就職するまでを見てみたい。

1　『カマラード』復刊

（一九四六年の）六月のある日であった。私の学校で外地引揚者の援護協議会があった。その席、幾年ぶりかで私たちのかつての一団の中心の一人であった道太さんに会った。私たちは子供たちのいる教室で弾圧の嵐の一斉に吹きまくった日を語り、鉄窓の生活を語り、カラマードの消息を語った。そして、カラマードの精神の現実に生きねばならない情熱を語った。やらねばならない。二人は直ちに、私たちのかつての機関誌であった『カラマード』を再刊することにした。

これは、遠藤典男「『カラマード（同志）と生きる――宮城県に於ける教育文化運動の胎動――』」（『国語創造』一九四七年八月、四五頁）からの引用である。こうして、一九四六年六月に運命的な再会を果たした宮崎と鈴木は、『カラマード』復刊に向けて直ちに立ちあがる。鈴木が、更紙と原紙、インクの調達、宮崎が、夜家で原紙を切る。こうして復刊された『カラマード』の会員は、そのとき二三名。もう少し、復刊の模様を引用しておこう（同誌、四五―四九頁参照）。

ファシズムの攻勢と封建的な桎梏の中に、「客観的な真実と愛情」とを組織せんとした私たちの運動は厳密に非官僚的教育運動として「宮城県綴方教育研究会」から「北日本国語教育研究会」に発展し、全国的な「教育科学研究会」

へと結びついて行き、暴力的な弾圧によって成長をはゞまれるまで「北方性」と呼ばれた私たちの教育文化運動は進んで行ったのである。（略）

とにかく、私達「カラマード」の非官僚的、自主的教育文化運動としての性格と、実践の中から理論を凝集して行く教育的意義と、反動と暴力の時代にヒューマニズムの火を守り抜いた確かな生き方は、新しい教育の骨格として受け継がれるべきものでなければならない。

（略）

誰しも、実践を持っていた。情熱を抱いていた。私達の力を畏怖する官僚は常にさえぎろうとしたが、彼らの絶大なる命令によって動員する以上の人達が私達の研究会に集まった。私達は自分の能力に応じ、他に気兼ねすることもなく自分達のために働いた。それは喜びでもあり、力でもあった。

組織を持たねばならない。組織により鍛えられねばならない。組織を鍛えねばならない。規約にしばられることもなく、代議員会の議決などというものも必要としない私たちは、カラマードの再集結に出発した。

（略）

客観的な真実は何であるか。ここから私達は出発する。私達は歴史の行く手を見透すヒューマニズムの火をかゝげる。火は嵐を呼び、嵐は新しい火を呼ぶであろう。全国の教師諸君と共に私達は偉大なる明日に進もう。「カラマード」の成長は既に始まっている。

宮崎の教育に懸ける情熱、教育文化運動の復活に懸ける血潮が直に表現されている。燃える教師、宮崎典男の姿が目に浮かんできそうである。

こうして彼は、敗戦直後の極端に紙が不足する状況下で、『カラマード』復活に尽力する。わたしが、宮城県立図書館に製本収納されている『カラマード』を直に手にとったときの、紙質の悪さはまだ強く印象に残っている。

宮崎等は、一九四六年七月、『カラマード』を復活させ、戦前No.四で廃刊に追い込まれたものを引き継いでいるという強い意志を込めて、この復刊第一号をNo.五とした。鈴木道太、佐々木正等と協同しながら復活させた『カラマード』で、宮崎も、自分の教育観、学力観について論陣を張る。

そして、『カラマード』復刊は、大反響を巻き起こす。いくつか紹介しておこう。

○波多野完治：始《ママ》めエスペラントの雑誌かと思い、次に飯島正の文章が載っていたので映画ファンの批評雑誌かと思い、最後に平野婦美子の手紙が出ていたので、やっと教育雑誌とわかって、それからていねいに読みました。（略）読んだことは雑誌にとってよりも、僕にとってしあわせでした。僕と同じようなことを考えている芽が宮城県にもあるということがわかったからです（No.七）。

○戸塚廉：スバラシイ　カマラード、（略）タイマンをせめながら今日まで書かずにいました（No.八）。

○寒川道夫：カマラードーこんないい集いが出来ていることは知らなかった。しかし、何と言う親愛観の満ちた集であろう。健在で集まっているその顔ぶれの懐かしさ（略）道太氏の首根っこに両手をまいて、ヤア、ヤアと言いたい。――今、工場内民主化の運動をおこし、手がひかれない（No.七）。

○平野婦美子：もう一度、昔のような同志の雑誌がどこかで出てやしないかと心待ちしていたのですが、やはり出ていたのですね。私もお盆頃になると百姓が少しひまになりますから、百姓日記でもかいておくります（No.六）。

復刊『カラマード』No.五で、第一章で触れたように、鈴木は、宮崎には反省が足りない、純粋だけでは建設的な現実へつながらない、と強く批判した。鈴木はさらに、同誌№六で、「生活教育の発展のために——その回顧と展望」を書いている。その中で、そこで、戦前の立身出世主義——試験教育を克服し、生産を中核にすえ、支配することも、支配されることもない「人類の進歩のための教育」を展開しなければならないと主張する。そしてこの論文の最後をつぎの文章で結んでいる。

高い理論を常に低い言葉で話すことが必要である。低い言葉というのは平易な言葉という意味ではない。具体的な実践の裏付けをもった言葉という意味である。

この文章に対して、宮崎は、だがそういう「道太さんは学校の実践を持たないではないか」と皮肉っている。宮崎自身も「カリキュラム運動の基盤」(同誌、№一九、一九四九年四月)を書いている。そこで彼が主張したことは、つぎの点である。

カリキュラム運動の出発が、教育の官僚支配打破にあるのですから、今更、文部省の手にすがってというわけにはいきません。またアメリカの直訳というわけにもいきません。日本には日本の現実があり、子どもたちの生活の現実、地域の生活の現実の中からカリキュラム改造の必要をみいだし、それを発展、組織していくところに、わたしたちのカリキュラム運動のすすめかたがあるのです。

（略）

自主的な人間として現実に立つ時、はじめてわたしたちは生々しく、カリキュラム改造の必要を感じ、主体的にカリキュラム運動の歴史的意義を把握することができるのではないでしょうか。道はたしかに遠いのです。しかし、これ以外にいかなる道があるのでしょうか。

（略）

この道以外に、わが国のカリキュラム運動の発展の道は、ありえないことをわたしは信じたいのであります。民主革命の現実は苦難の道であり、したがってわたしたちの道も苦難にみちているにちがいありません。しかし、新しい「つぎ穂」であるわたしたちは、あの「つぎ台」のいのちをついで、わたしたちの国の歴史的な課題を切りひらいていくカリキュラム運動を結実せしめるでありましょう。

ここでも、「子どもたちの生活の現実、地域の生活の現実の中からカリキュラム改造の必要をみいだし」という生活綴方教師宮崎の立場が明確に表れている。まさに、カリキュラム開発においても、宮崎は、戦前の生活綴方という「つぎ台」に、戦後こうして自分で「つぎ穂」をしていく（馬場のことば―引用者）決意を固めているのである。「つぎ穂」「つぎ台」ということばから、すでに宮崎が馬場の前掲論文を読んでいたことが分かる。

2　授業研究の再開

先にも触れたように、一九四六年四月、宮崎は岩沼小学校へ転勤する。翌年、岩沼小は、宮城県教育委員会と宮城県教職員組合の共同研究指定校になる。一九四八年から、宮崎は、学級担任を外れてその組織的な推進者に任命される。その年の秋に開催された公開研究会の内容はおよそつぎのようであった（二九八―二九九頁）。

○　学級児童会・学年児童会・全校児童会の全体的・有機的関係の確立と発展
○　校内児童組織と校外児童組織の有機的なかかわりとその分担
○　児童の文化的活動の発展とその集団化

○　児童組織の活動と学習活動との関係をどう発展させるか

この最後の「児童組織の活動と学習活動との関係をどう発展させるか」が授業研究に関する部分である。授業研究が教育改革の最後に位置づけられているのも、戦後初期の教育改革の大きな特色である。この部分は、さらに、

○　このような組織と活動のなかできたえられた子どもたちの集団的、創造的な性格は、学習活動にどう影響するか、どう影響させるか

○　学級における学習活動は子どもたちの集団的活動にどうかかわり、どのような役割をはたすことができるか

に、細分化されている。そして、宮崎は、「児童の主体的な活動が学習活動（授業）にこのましい影響を与えたことは言うまでもない。なかには、その積極性をもてあます教師もいたが、子どもたちは、授業に主体的に参加することでかえっておちつきをとりもどしてきた。わたしたちは、もし、子どもの主体性や創造性が要求されるなら、授業においてこそそれは重要なのだと考えていたから、この公開にも、授

業研究の一面をとりあげることを余分な仕事とは思わなかった。」と、述懐している（二九九頁）。

今日の多くの公開授業研究会は、主として授業の公開とその事後検討会で構成され、児童会等の活動が余興的なアトラクションとして配置されている。この位置づけ方のちがいは、岩沼小の公開研究会が戦前の授業研究会、とりわけ北方性生活綴方系の研究会を引き継いでいるか否かの差である、と考えられる。先に紹介した馬場が言う「つぎ台」と「つぎ穂」の関係を如実に表している、とわたしは判断している。

こうして、岩沼小での公開研究会を主導した宮崎は、その年の一二月、宮城県教組の推薦で新設された宮城県教育研究所の所員になる。

ところが、宮崎は、翌四九年九月に、宮城県教育委員会に辞職願を出さざるを得なくなる。この年、全国を吹き荒れたいわゆる「レッドパージ」の波に、彼も呑み込まれてしまう。

3　教育研究所員

彼は、なぜ辞職に追い込まれたのか。宮崎は、教育研究所員としても、小学生の学力調査では、国語（漢字力に限定）を分担し、定時制高校の退学者急増に関しては精力的に踏査調査をやっている。学力低下問題に関してだけ、補足しておこう。そのとき、彼がもっていた学力観はつぎのようなもの。一部抜粋しておく。

一般的に、学力を論ずる場合、学力というものを、どれだけ過去の文化遺産を受容しているかという立場、または文化遺産を獲得することができる基礎能力がどれだけできているかという面から論ずる人がある。この立場は、伝統的な「よみかきソロバン」というような言葉によって表象されるものといってもよい。

（略）これに対して、学力とは獲得された量が問題ではなく、いかに理解し、いかに環境に働きかけていくかというような機能性こそが問題なのだという。これは新教育を唱える立場の人びとに多く主張されている如くである。

（略）

本号に報告した学力調査によっても受容的な学力の低下は明らか（略）街には青少年の不良化が問題となり、教室にはいつまでもマンガから成長できない子供たちが、みちている。環境に働きかける力がないだけでなく、環境におし流されている姿である。機能的な面においても、その「低下」は破壊的とさえいいうるのではないか。「学力低下」が問題でないというなら、だれが、何のために教育の崩壊をかたるのであろうか。
「学力とは何か」という観念論が、「学力低下」の問題をわき道にそらしてしまう危険は厳に之をいましめねばならない。そして「学力」の実態を科学的に把握し、その「低下」の根源を見きわめると共に、その「実態」の上にわれわれの教育技術を確立しなければならない。（三二七頁）

当時、わが国では、新教育によって学力が低下した、今の中学生は、戦前の小学生より漢字が書けない、読めない、ということが問題になっていた。いわゆる第一次学力低下問題である。そんな中で、宮崎は、「学力とは何か」という観念論ではなく、「学力」の実態を科学的に把握し、その「低下」の根源を見きわめると共に、その「実態」の上にわれわれの教育技術を確立しなければならないことを強調している。これは、極めてまっとうな考え方である。

もう一つ、宮崎は、『全国教育研究所連盟月報』第三号（一九四九年五月）に「地方教育研究所のあり方」を書いている。そこには、アメリカ教育の輸入に憂き身をやつしたり、新教育のレッテルを陳列する前に、現実に我々の当面している問題の所在を明らかにし、それを現実的に発展させるという地道にして着実な歩みを歩みたいのです。

と、決意を語っている。宮崎は、当時流行の「ごっこ」学習に代表される「這いまわる」経験主義教育に、それは教師の本来の指導性を軽視した愚民教育ではないかという違和感をもっていた。

4 「要注意児童」

流行に遅れまいと戦々恐々とするのではなく、教師は、まず、子どもの現実をしっかり見よ、という宮崎の姿勢は、つぎの報告にもはっきりと表れている。それが、遠藤典男「要注意児童」(『教育生活』、一九四八年四月号)。これは、国分一太郎編『教育生活』に、国分の求めに応じて、彼が書いたものである。少し引用しておこう(『教師そこまでの道』の「要注意児童」二八二―二八六参照)。当時は、GHQが推し進めるコース・オヴ・スタディー全盛期。

昭男がぬすみをした！　この組にもやはりぬすむ子があったのだ。一二月にもなろうとしているのに。そして、あの子が、私の要注意児童のメンバーの中には彼の名はなかった。（略）

五年になっても、まだちちくさいこの子の声と、つぼんだ口とやさしい目、頭はよくても、幼稚な大きな字をかく運動神経の鈍いこの子が、店先から本をぬすむという器用な仕事ができるものか。（略）

昭男は学校の門の北側の本屋兼文房具店から四回にわたって雑誌をぬすんだ。おかみさんに現場をおさえられた。（略）上着のすそから三冊の雑誌がすべりおちた。昭男といっしょにいた山田が「なんだ、こいつ、ずるいやつだな！」とさげすみのことばを投げた。

私達が受け持つ子供たちの中には、（略）札付きの子供たちの二・三人が見出されるのが常であった。だのに、それは多くひそひそと語られ、ひそかに事件は終わりをつげるのであった。（略）いまだかって、職員室の重大問題として取り上げられたことがなかった。一体これはどうしたことだろう。私達には、ほんとうに児童への愛をいう資格があったのだろうか。

もしも、こんな問題が私たちの問題として取り上げられ、生活指導の組織と方法とが生まれていたとするならば、この子はやはりぬすみをしたであろうか。コース・オブ・スタデーの読み合わせをする前に、私たちはこんな問題をこそ討議すべきではなかったろうか。どこそこの学校のボウダイセイミツな環境調査におどろく前に、こんな問題についての小さな調査がまずはじめられねばならなかった。（略）

医者が病人に当面して平静にその処置を誤らないように、あの子供の問題の発生に対し平静にその処置を誤らないことも大切な教育の技術である。だが近代の医学が病気の治療だけでなく、病気のうみだされる社会的条件にまで鋭いメスをいれているのと同じように、人民の子の教師といわれる人が、罪の子の生みだされる社会的な地盤にくいいり、罪の発生を未然に予防すべきではないか。教育が一人の天才によってではなくわたくし如きおろかな者の仕事ともなるためには、勇気ある教師の努力により、教育が一つの科学とならねばならない。私たちのコース・オブ・スタデーを私たちの手でつくらねばならない。

（略）

（昭男の家で、母から「どうして、そんなことをしたの？」と尋ねられ）彼は抑えることのできない感情に身をふるわせながら、受け持ちである私にも一こととしていわなかった最後のことばをはきだした。
「山田さんに、ぬすめ、ぬすめといわれたの！」
あの山田が！　昭男に「こいつが」とさげすみのことばを投げた山田が！　才器活発、スポーツマン、学級の人気の頂点にある彼が、彼がぬすみをすすめた！　という事実。私は何もいえなかった。（略）
私の要注意児童は、ぬすんだ昭男ではなくて、かえってヅノウメイビン、サイキカッパツの山田であるかもしれない。帰る道で、おろかな教師である私は、こんな考えにたどりつくのであった。

いかにも、宮崎典男らしい。これが、鈴木道太がいった「高い理論を常に低い言葉で話すことが必要である。低い言葉というのは平易な言葉という意味ではない。具体的な実践の裏付けをもった言葉という意味である」の宮崎なりのやり方である。コース・オブ・スタディーとは、と眼前の子どもの実態からかけ離れた空虚な議論を吹っ掛けるのではなく、事実、実践でもって、眼前の問題に対処していくのが現場教師の仕事である、という生活綴方教師の構えが垣間見える。
教育研究所時代、子どもの実態を見据えた教育ということに関して、つぎのように指摘している。

左の表は、一九四九（昭和二四）年七月に行われた宮城県N郡S小学校の児童の生活に対する意識調査の結果である。その前に、以下のような文章がある。

「たうえのときは、一度に手がたくさんいるので、どこでも非常にいそがしく、みんながほんとうに気をそろえて働きます。だからたいそうゆかいで」（文部省「村のこども」）とある。だが、私の子どもたちは、「田うえやさくきりなど、こしがいたくて、ひどいとおもいます」「農業はいやだ」「田植えやいねこきのとき、いそがしいのがいやだ」「ぼくの家でもべこ（牛）がほしい、そしたら父ちゃんが頭を下げて、ペコペコして、べこかりにいったりしなくていい」と書いてくる。この現実と文部省の「村のこども」とのかい離こそ、問題にする必要があるこ と。（三一九―三二五参照）

		たのしい	ふつう	いやだ
5年	男	25	8	9
	女	43	10	7
	計	68	18	16
6年	男	17	15	11
	女	17	14	6
	計	34	29	17
計	男	42	23	20
	女	60	24	13
	計	102	47	33

如何にも、宮崎らしい。こうして、宮崎は、生活綴方教育の「つぎ台」で鍛え上げられた教育観を土台にして、戦後も教師を続け、自らも新しい「つぎ穂」をつくりだす仕事に向けて再スタートを切ったのである。

5 復職

レッドパージで教職を退いた宮崎は、鈴木等の尽力によって、学校生活協同組合の嘱託になる。給料も半減したが、一九五一年には、宮城県に「教師の会」を立ち上げることに奔走、月一回の例会の定着化と月刊の機関誌『教師の会』を発行（第一号は七月一日）する。一九五二年は、「第一回教育科学研究東北地区研究協議会」を開催するための事務局長職をこなす。この研究協議会大会では、大田堯氏が「日本の子どもと教育」という基調講演を行っている。参加者、一六六名の中には、県内の鈴木道太、佐々木正、大村栄、平間初男等はいうに及ばず、岩手県の吉田六太郎、山形県の土田茂範、須藤克三、それに戦前国分と共著『教室の記録』を出した相沢とき等の顔があった。中には、校長が「教育科学」を「科学教育」と誤解してくれて、出長旅費までもらった者もいた、とのうわさもある。

一九五三年には『国語教育研究』を復刻し、菊池譲の退職記念誌『北方の父』(すばる教育研究所)をまとめあげ、その四月鈴木道太等の尽力により土湯小学校に復職する。土湯小で復職した宮崎に対し、菊池譲はつぎのような激励のことばを送っている。

世の中には、与えられた道をまっすぐ間違いなく行く人もあれば、自分で自分の道をまがりくねって行く人もあります。君は後の方に属する人です。そのどちらがいいともいわれませんが、自分の良心に生きる人こそ、最も生き甲斐のある人生を生きることになりましょう。

君の生き方については、H君から聞いていました。ついでこの便りで、福島に就職と聞いて、「ああよかった」と家内もよろこんでいました。信夫郡土湯なんてまるで見当もつきませんが、君にとっては、教育に再出発の新しい天地です。その目でよくよく見つめ、その鼻で全身に空気を吸いこみその足でその土地をふみしめなさい。

ああ、わが人生よ、と、センチにもなるでしょう。宮城県などに帰ることなどは考えず、福島県の先生として、逞しく生きてください。

君、余り張り切ってからだをこわさぬ様、それだけは誰にいわれなくても気をつけるんですよ。

（四〇五―四〇六頁）

なんと暖かい便りであることか。菊池の人柄と同時に、このようなことばをかけてもらえる宮崎の人柄がしのばれる。この時、宮崎典男は、三六歳。こうして彼の北方性綴方教師としての「つぎ穂」づくりの本格的な仕事が再開される。

最後に、この仕事の中身を、宮崎のことばでしめておこう。それは、第一章でも引用した「あたりまえで、のっぴきならぬ歩み―生活綴方的教育方法と学校経営―」のつぎの記述である。

その仕事とは、職員室が、職員会が、何をしゃべっても良いという自由の空気になれば、それでよいというのではない。そのことと、結び合ってすすめられねばならないことは、私たちが、私たちの同僚と共に、現実に生きる子どもたち、真実に生きたいと希う子どもたちの言葉に、おそれと、おどろきと、歓びの耳をかたむけ、それを無視しては、日々の営みが考えられないというような教師に成長することである。

（二二四頁）

それと、もう一つ同論文から紹介しておこう。

学校は誰のためにあるのだろうか。明瞭に子どもたちのためにあるのだ。新しい歴史をひもとく子どもたちのためにあるのだ。学校というものは、アチラ製の観念のトリコになってよいわけもないし、教師の立身のふみ台に満足してよいものでもない。学校の空間と、その中に営まれるすべてが、子どもたちと、子どもを同志とする教師との間に流れる愛情と意思とによって統一され、生命を吹き込まれねばならない。学校は、現実に生きる子どもたちの希い、悩み、喜び、悲しみ、その他一切のもののこめられたコトバによってみたされなければならない。

(同論文、二一八—九頁)

これは、もう完全に、北方性綴方教師のことばである。こうして、宮崎は、再出発直後から力強くアクセルを踏む。その結果がどうなったか。それは、本書で見てきた宮崎の生活綴方教師としての授業づくりの諸々の実績が語ってくれている。

〈著者紹介〉

豊田ひさき（とよた ひさき）

1944年生まれ。広島大学大学院教育学研究科修了。教育学博士。

大阪市立大学大学院教授、名古屋大学大学院教育発達科学研究科教授、同教育学部附属中・高等学校長などを歴任。

現在、中部大学現代教育学部長。専門は、教育方法学、教師教育学、授業実践論。

主要著書：
『学力と学習集団の理論』（明治図書、1980年）、『明治期発問論の研究』（ミネルヴァ書房、1988年）、『小学校教育の誕生』（近代文芸社、1999年）、『集団思考の授業づくりと発問力・理論編』（明治図書出版、2007年）、『リテラシーを育てる授業づくり』（黎明書房、2008年）、『校長の品格』（黎明書房、2009年）など。

生活綴方教師　宮崎典男の授業づくり

2011年5月10日　初版第一刷発行

著　者　豊　田　ひさき
発行者　斎　藤　草　子
発行所　一　莖　書　房
〒173-0001　東京都板橋区本町37-1
電話 03-3962-1354
FAX 03-3962-4310

組版／四月社　印刷／新灯印刷　製本／新里製本
ISBN978-4-87074-176-8 C3337